Humony Mentalidad

CAMBIA EL MUNDO

CAMBIANDO TU MENTALIDAD

Steven Howard

Caliente Press

Humony Mentalidad

Cambia el mundo cambiando tu mentalidad

ISBN: 978-1-943702-35-0 (edición impresa)
978-1-943702-36-7 (edición Kindle)

Publicado por:
Caliente Press
1775 E Palm Canyon Drive, Suite 110-198
Palm Springs, CA 92264
www.CalientePress.com
Correo electrónico: steven@CalientePress.com

Editora de la edición en español: Adriana Fuentes Díaz
Diseño de portada: Héctor Castañeda

Contenido

Dedicatoria

Para Adriana

Me enseñaste que podía ser un mejor hombre.

Un mejor ser humano.

Y gracias a ti, aprendí

a dar y recibir amor.

Por tener la oportunidad

de amarte es algo,

por lo que estoy eternamente agradecido.

Las personas que están tan locas
de pensar que pueden cambiar el mundo
son las que lo hacen.
Steve Jobs

Algunos hombres ven las cosas tal como son y se preguntan: «¿por qué?».
Yo sueño cosas que nunca existieron y pregunto: «¿Por qué no?».
Robert F. Kennedy

No podemos seguir permitiendo que lo que nos divide como
individuos socaven lo que nos une como seres humanos
y miembros de la fraternidad del Homo sapiens.
Steven Howard

Introducción

HLos seres humanos queremos estar conectados. Desde que nacemos, buscamos conexiones. Sin embargo, vivimos en tiempos y sociedades divisivos.

La simple verdad es que todos necesitamos unos a otros. Que cada uno de nosotros importa. Reconocer estos dos hechos en los demás, tanto a nivel individual como colectivo, puede crear un mundo mejor para los 8000 millones de almas que llamamos humanidad.

El problema es que no sabemos en quién confiar ni en qué creer. En todo el mundo, vivimos en sociedades en las que todo es un exceso, y el drama y el conflicto reinan sobre la paz y la felicidad.

Recientemente, los investigadores han recopilado encuestas en las que se preguntó a casi 600 000 personas cómo era la humanidad en la era moderna en comparación con años anteriores. En docenas de países, los encuestados coincidieron en que las personas de hoy en día son menos honestas, amables y morales que las generaciones anteriores. Nuestra evolución como humanidad está retrocediendo.

En este libro, defiendo que la solución radica en mirar hacia dentro. Debemos rediseñar la forma en que queremos relacionarnos e interactuar con el mundo. Debemos comprender nuestras mentalidades altamente sesgadas, lo cual es clave para la iluminación y la conciencia de uno mismo. A continuación, debemos cambiar intencionalmente estas mentalidades y la forma en que interactuamos entre nosotros.

Cada individuo posee el poder de transformar el mundo. A su manera única, cada persona ya está moldeando el mundo de forma involuntaria (y a veces intencionada), o al menos la parte en la que vive. Sin embargo, el cambio intencionado del mundo comienza con una transformación de la manera de pensar. Cuanto más intencionados seamos en nuestra manera de pensar sobre nuestro papel en la humanidad y nuestras interacciones con los demás, más podremos contribuir.

Para ti, esto comienza por reevaluar y evolucionar intencionalmente tu mentalidad sobre tu papel como parte de la humanidad y cómo interactúas con tus semejantes, quienes, como tú, están haciendo todo lo posible con los recursos que tienen a su alcance para este viaje consciente. Este es un viaje de empoderamiento y motivación.

Muchos de los problemas del mundo surgen porque perdemos el respeto por nosotros mismos, por los demás y por la santidad de la vida. El concepto de humanidad ha pasado a un segundo plano, ya que pensamos y vivimos en términos de nacionalidades, etnias, creencias religiosas e incluso subdivisiones geográficas dentro de las fronteras definidas por los países.

¿Por qué hay tanta agitación en el mundo? La respuesta radica en nuestro creciente enfoque en el yo. Nos hemos desviado demasiado en el espectro entre «nosotros» y «yo». Es hora de combinar el desarrollo personal con el que beneficia a la humanidad y a nuestros entornos sociales. Este cambio comienza con el desarrollo del autoconocimiento, pero no del tipo que tiene como objetivo aumentar nuestros ingresos, nuestras habilidades de gestión del tiempo y nuestro poder de persuasión.

Necesitamos un tipo de desarrollo diferente, uno que mejore nuestras habilidades de interacción interpersonal, como la compasión, la amabilidad y la humanidad. Es hora de pasar de un enfoque WIIFM (¿qué hay para mí?) a uno de WIIFH (¿qué hay para la humanidad?). Sostengo que la humanidad, la armonía y la humony son tareas internas, por lo que debemos empezar por nuestro interior. Con la tecnología actual, nunca hemos estado tan conectados, pero seguimos estando tan fundamentalmente separados entre nosotros.

En el fondo, los seres humanos no somos egoístas por naturaleza. Hacemos mucho más por los demás que por nosotros mismos. La mayoría de los padres, por ejemplo, están dispuestos a sacrificar su comodidad por el bien de sus hijos. Dar y querer dar es fundamental en nuestra naturaleza humana. O, al menos, lo era hasta que nuestra sociedad materialista se apoderó de nuestro pensamiento y reorientó nuestros deseos, necesidades y anhelos como seres humanos.

Desgraciadamente, los seres humanos son uno de los cinco enemigos naturales de la raza humana. Los otros son el fuego, las inundaciones, los terremotos y las enfermedades. Algunos podrían querer incluir elementos del mundo animal en esta lista, pero ¿siempre ha sido así? ¿Han coexistido pacíficamente el hombre y el reino animal? Probablemente.

Hay muchas historias y leyendas de pueblos indígenas que conectan espiritualmente con los animales. Pero esto cambió cuando el hombre comenzó a poseer tierras, frutas y verduras, y a cazar y matar animales para obtener carne, pieles y otros recursos.

¿Quién fue el primer depredador, el hombre o la bestia? ¿Por qué las aves huyen, incluso cuando no mostramos intención de hacerles daño? ¿Siempre han temido los animales al hombre? ¿O se trata de un comportamiento aprendido y transmitido de generación en generación debido a las acciones del hombre antiguo? No podemos demostrar las respuestas a estas preguntas, pero uno se las pregunta. Sin embargo, necesitamos volver a una mayor armonía con la naturaleza.

Conectados

Queremos estar conectados. Está en nuestro ADN humano. Conectados con personas, animales, causas y grupos. Lo deseamos tanto que creamos puntos de conexión artificiales y arbitrarios en un intento de crear vínculos fuertes: el trabajo, la educación (reuniones de antiguos alumnos y asociaciones de exalumnos), las comunidades religiosas, las afiliaciones a equipos deportivos, los partidos políticos, las aficiones y las asociaciones comunitarias locales. Muchas de estas conexiones se vuelven temporales a medida que pasamos a otras nuevas (por ejemplo, las relaciones de la escuela y las conexiones de la universidad a menudo se reducen y se debilitan cuando las personas se mudan a otras ciudades, estados y países).

Pero hemos pasado de estar conectados con la humanidad (aborígenes, africanos) y la naturaleza (nativos americanos y otras culturas indígenas) a tener círculos de conexión cada vez más pequeños (partidos políticos, afiliados religiosos, identidades nacionalistas). En lugar de ser todos «nosotros» como humanidad, ahora somos «nosotros» contra «ellos», siendo estos últimos con quienes no nos identificamos, incluidos quienes no amenazan con hacernos daño ni a nuestra forma de vida.

Para la mayoría de nosotros, a medida que envejecemos, nuestras conexiones humanas se reducen. Reducimos el número de personas con las que interactuamos y el de personas a las que llamamos amigos (dividimos nuestras amistades en pequeños grupos: «amigos íntimos», «viejos amigos», «antiguos compañeros de trabajo», etc.). Estamos más dispuestos a alejarnos o «ignorar» a quienes no piensan como nosotros, no votan como nosotros o no rezan como nosotros. Los fuertes lazos de amistad se convierten en vínculos débiles que se mantienen vivos principalmente mediante publicaciones y compromisos en las redes sociales.

Aquellos con quienes solíamos compartir el pan en ocasiones habituales son ahora migajas de recuerdos e interacciones esporádicas. Nuestros caminos están marcados por señales de lo que nos divide, no de lo que tenemos en común. Una vez que se levantan los puentes levadizos de la división, rara vez los bajamos y los volvemos a cruzar. En cambio, nos comunicamos a través de las redes sociales, el correo electrónico y los mensajes de chat, y cada mensaje está sujeto a interpretaciones o malinterpretaciones.

Formamos grupos de inclusión con el objetivo principal de garantizar la exclusión. Sacrificamos la autenticidad en aras de la aceptación. Luego, representamos nuestras personalidades, creencias y actitudes aceptadas como nuestro nuevo yo auténtico.

Pero, al final del día, y al final de nuestros viajes conscientes, todos compartimos un rasgo auténtico: nuestra humanidad. Todo lo demás son etiquetas que nos dividen y nos impiden conectar.

El filósofo Edmund Burke creía en los deberes de una generación hacia la siguiente y en la responsabilidad de cada generación de construir una sociedad sostenible. Para Burke, esto significaba comprender que una sociedad es más que las personas que viven en el presente. También incluye a los antepasados y descendientes. Este es un concepto que vale la pena reconsiderar y reavivar.

Hay mucha verdad en la creencia de John Dewey de que los seres humanos son seres vivos que intentan dar sentido a su mundo y luchan por decidir cuál es la mejor manera de actuar en él. Esperamos que este libro te ayude a tomar decisiones futuras.

Una vez vi un evento en directo presentado por el actor Matthew McConaughey. De las muchas cosas brillantes que compartió ese día, esta frase fue la que más me impactó: *«En esta autopista llamada Vida, todo el mundo lleva las luces de emergencia encendidas»*. Dijo que estamos dando vueltas en círculos, buscando constantemente respuestas en lugar de evolucionar.

Bueno, ahora es el momento de reflexionar, reevaluar, adaptarnos y evolucionar en quiénes somos y en cómo nos tratamos unos a otros. Es hora de aportar paz, amabilidad, compasión y respeto en todas nuestras interacciones con nuestros semejantes.

No estamos aquí para tolerar nuestras diferencias. Estamos aquí para aceptarlas. No estamos aquí para celebrar nuestras similitudes. Estamos aquí para celebrar nuestras diferencias. Sin duda, ya es hora de empezar a comprendernos unos a otros.

Un camino a seguir

La humanidad es una especie cuyo número e impacto en este planeta siguen creciendo. Por el momento, gran parte de este impacto recae en el lado negativo del balance. Pero eso puede cambiar a través de nuestras acciones individuales y colectivas.

Creo que las personas son fundamentalmente buenas, a pesar de lo que puedan sugerir algunas anécdotas. La decencia, la compasión y la bondad son tres de los aspectos más fundamentales de nuestra humanidad.

¿Sabías que los neandertales tenían cerebros más grandes y construían instrumentos musicales y cocinaban alimentos antes que nuestros antepasados, *Homo sapiens*? Afortunadamente, nuestros predecesores eran más amigables y mejores para trabajar juntos como seres comunitarios. Esto permitió que nuestra raza sobreviviera y evolucionara hasta convertirse en la humanidad.

Humony es una palabra que he creado y que combina humano, humanidad y armonía. La defino como la práctica de tratar a todos los seres humanos con paz, amabilidad, compasión y respeto. Hacerlo será, sin duda, un fantástico primer paso para empezar a comprendernos unos a otros.

En su canción *"Imagine"*, John Lennon describe un mundo sin países ni religiones, en el que no hay nada por lo que matar o morir. Solo un mundo de personas que viven en paz. ¿Un sueño imposible? Sin duda, eso parece. Año tras año, nos alejamos más de esta posibilidad. ¿Qué hará falta para que los seres humanos consideren que esto es realmente posible? ¿Un desastre natural, como el impacto de un cometa contra la Tierra? ¿Una invasión alienígena? ¿La aparición de Dios?

Quizás haya un escenario positivo y, más probablemente, pequeños grupos de locos que se proponen cambiar su parte del mundo. Todos imbuidos de una mentalidad Humony.

Como dijo Steve Jobs: *«Las personas lo suficientemente locas como para pensar que pueden cambiar el mundo son las que lo cambian»*. O, como dijo Margaret Mead: *«Nunca dudes de que un pequeño grupo de ciudadanos reflexivos y comprometidos puede cambiar el mundo. De hecho, es lo único que lo ha cambiado»*.

Necesitamos una mentalidad de «la marea alta levanta todos los barcos». Necesitamos elevar a toda la humanidad, con cada uno de nosotros haciendo su parte en su pequeño pedazo de *tierra firme*.

Para empezar, necesitamos que los líderes y los medios de comunicación dejen de participar en comentarios denigrantes y maliciosos. Necesitamos políticos que piensen en todos los ciudadanos, no solo en sus benefactores financieros y en su base electoral principal. Necesitamos líderes con el valor de defender a todos los electores, en lugar de llenar sus bolsillos con privilegios, beneficios y dinero. Que rindan cuentas por no mejorar sus condados, estados o países para la próxima generación.

Necesitamos líderes, deportistas e iconos culturales que den ejemplo de buen comportamiento. Necesitamos que muestren amabilidad, compasión y empatía en lugar de malicia, maldad y grosería.

O tal vez solo necesitemos que personas como tú y yo seamos más amables y bondadosas unas con otras. Que seamos más comprensivos y aceptemos las peculiaridades, los retos, las crisis y los días malos de los demás. En lugar de dejar que las cosas caigan por su propio peso, asumamos la responsabilidad de construir los cimientos de un mundo mejor.

No toleramos el mal comportamiento ni los comentarios degradantes de nuestros líderes y de los medios de comunicación. Votemos en contra de los políticos groseros. Apaguemos los canales de «noticias» de la televisión por cable y dejemos que bajen sus índices de audiencia y sus ingresos. No compartamos vídeos de aficionados violentos que se atacan entre sí en los estadios deportivos. Boicoteemos las películas con violencia gratuita, personajes misóginos y «héroes» santurrones que matan sin motivo para vengarse o alcanzar otros objetivos.

No recompense a los propagadores de la división y el conflicto con el dinero que tanto le ha costado ganar, independientemente del valor de entretenimiento que tengan. Hay muchas opciones de entretenimiento que no mancharán tu forma de pensar sobre la humanidad y la naturaleza humana.

En cambio, dejemos, individual y colectivamente, un mundo mejor para que lo hereden nuestros hijos y nietos. Un lugar donde la palabra griega *eudaimonía* (florecimiento humano) se convierta en la norma.

¿Son estos unos castillos en el aire? No tiene por qué serlo. Incluso hoy en día, muchas de las llamadas tribus primitivas de todo el mundo —incluidos los aborígenes de Australia, los maoríes de Polinesia y Nueva Zelanda, los indios nativos y los pueblos indígenas dispersos por América del Norte, Central y del Sur, numerosas tribus de África y las islas del Pacífico, y los indios amazónicos— siguen teniendo una preocupación cultural por la naturaleza que no se corresponde ni se aprecia en las sociedades industriales. Nuestras llamadas sociedades civilizadas podrían beneficiarse enormemente de una mayor comprensión e inculcación de su forma de pensar y sus creencias sobre nuestras conexiones y dependencias con la Madre Naturaleza y el planeta Tierra.

Como dijo W. E. B. Du Bois: «Depende de las generaciones futuras creer en la vida *para que podamos seguir contribuyendo al florecimiento humano*». Somos esa generación futura de la que él hablaba.

Estas palabras de Jean-Paul Sartre me han cautivado durante mucho tiempo: *«En lo que respecta a los hombres, no es lo que son lo que me interesa, sino lo que pueden llegar a ser»*. Comparto este interés y espero que ustedes también lo compartan.

Únanse a mí para ampliar su pensamiento. ¿En qué pueden convertirse USTEDES? ¿En qué podemos convertirnos NOSOTROS?

Parafraseando el discurso inaugural de John F. Kennedy en enero de 1961, es hora de que todos «no preguntemos qué puede hacer la humanidad por nosotros, sino qué podemos hacer nosotros por la humanidad».

Si cada uno de nosotros cambia su mentalidad y adopta este enfoque, nuestros hijos y nietos nos lo agradecerán.

Steven Howard
Mayo de 2026

Un mensaje personal

No soy perfecto. Nunca lo he sido. Nunca lo seré. Y probablemente nunca estaré ni siquiera cerca.

Este libro trata sobre un mensaje. No trata sobre mí.

Los miembros de mi familia gritarán a voz en cuello que los he abandonado a ellos y a mis hijos. Otros te dirán que, debido a un colapso inexcusable y muy perjudicial, soy un psicópata y un paria que debería permanecer marginado de su familia.

Como seres humanos del siglo XXI, tendemos a juzgar a las personas con mayor facilidad por sus peores acciones que por sus mejores. En mi caso, mis peores acciones, sin duda, han ensombrecido y empañado las mejores.

Sin embargo, como dijo el personaje de la serie de televisión Ted Lasso: «*Solo puedo esperar que no se nos juzgue por nuestros momentos más débiles*». A quienes me juzgan por mis momentos peores, lo acepto. Es su prerrogativa hacerlo.

La vida es un proceso continuo de experiencias. A veces, esas experiencias son buenas. A veces, esas experiencias se convierten en oportunidades de aprendizaje para quienes son lo suficientemente sabios como para interpretar los resultados y sus consecuencias. A través de una mentalidad Humony, tendrás las herramientas para que tus experiencias futuras tengan un impacto positivo.

La mía no ha sido una vida perfecta. Ni mucho menos. No he vivido con una mentalidad Humony hasta hace poco (e incluso entonces, sigo teniendo mis deslizamientos). Mi viaje, para bien o para mal, me ha llevado a un lugar en el que puedo ser un conducto para compartir y difundir el mensaje de la mentalidad Humony.

Este libro sobre la mentalidad Humony no trata de mí. Trata sobre el mensaje. Yo solo soy el mensajero. Soy el conducto de estas palabras de sabiduría que no pueden expiar ninguno de nuestros errores. Sin embargo, espero que estas palabras nos ayuden a todos a crear un mundo mejor hoy, para que lo hereden nuestros hijos y nietos.

EL credo de una Mentalidad Humony

La mejor parte de la vida de un buen ser humano son sus pequeños actos de bondad, compasión y respeto, anónimos y olvidados de bondad, compasión y respeto.

Capítulo 1

¿Qué es una mentalidad?

El mayor descubrimiento de mi generación es que un ser humano puede cambiar su vida cambiando sus actitudes.
William James

Una mentalidad es la lente a través de la cual vemos el mundo. Determina cómo interpretamos nuestras experiencias y lo que presenciamos. Lo interesante de las mentalidades es que lo que experimentas y ves puede cambiar tu mentalidad y, lo que es igualmente importante, si no más, tu manera de pensar puede cambiar tu perspectiva sobre lo que ves y experimentas.

Algunos ejemplos:

> Nelson Mandela, cuando salió de prisión, cambió la forma en que veía a sus carceleros. Al hacerlo, cambió su impacto en Sudáfrica y en el mundo.
>
> Mahatma Gandhi cambió la mentalidad de millones de personas al demostrar que se podía protestar pacíficamente contra un poder colonial.

> Franklin Roosevelt nos enseñó que el miedo puede superarse si se afronta de frente, incluso en tiempos de gran incertidumbre.
>
> John F. Kennedy demostró que una empresa de alto riesgo político, como llevar al hombre a la Luna, podía ser muy motivadora y unificadora.

Immanuel Kant cambió la antigua pregunta filosófica «¿Por qué el mundo es cómo es?» por otra mentalidad centrada: «¿Por qué vemos el mundo como lo vemos?». Probablemente no tuvo en cuenta el concepto de mentalidad cuando dio un giro de 180 grados en la base de la filosofía, pero su nuevo enfoque ha dado lugar al pensamiento actual sobre las mentalidades.

Es muy fácil pensar que nuestras respectivas visiones del mundo son correctas y adecuadas para todos los demás. Pero no lo son. Por ejemplo, yo disfruto de la paz y la tranquilidad, por lo que veo a los demás como ruidosos, bulliciosos y estridentes. Pero tú podrías considerarlos comprometidos y animados. ¿Quién de los dos tiene razón? Ambos la tenemos en nuestras respectivas maneras de pensar.

Nuestras mentalidades influyen profundamente en nuestro enfoque general de la vida. Influyen en el comportamiento, la toma de decisiones, el establecimiento de objetivos, los motivadores intrínsecos y la forma en que percibimos y respondemos a los retos y a las oportunidades.

Tipos de mentalidades

Carol Dweck definió dos mentalidades: la de crecimiento y la fija. Sin embargo, en la literatura educativa y psicológica se han identificado otras mentalidades. Entre ellas se incluyen:

> Mentalidad positiva: se centra en el optimismo y el pensamiento positivo, e influye en la forma en que se abordan los retos y las oportunidades de la vida.
>
> Mentalidad negativa: implica una visión pesimista, en la que las personas tienden a esperar resultados negativos y pueden tener dificultades para motivarse.
>
> Mentalidad de abundancia: creencia en la disponibilidad ilimitada de recursos y oportunidades, que fomenta la colaboración y la generosidad.
>
> Mentalidad de escasez: se basa en la creencia de que los recursos son limitados, lo que conduce a la competencia y al miedo a perderse algo.
>
> Mentalidad innovadora: fomenta la creatividad, la innovación y la voluntad de asumir riesgos y probar nuevos enfoques.
>
> Mentalidad analítica: se centra en el razonamiento lógico, el análisis de datos y el pensamiento metódico para resolver problemas.
>
> Mentalidad creativa: pone énfasis en la imaginación, la originalidad y la capacidad de pensar más allá de lo establecido.
>
> Mentalidad resiliente: destaca la importancia de la perseverancia, la adaptabilidad y la capacidad de recuperarse de los reveses.

Mentalidad empática: se centra en comprender y compartir los sentimientos de los demás, fomentando la compasión y las relaciones interpersonales sólidas.

Mentalidad orientada a objetivos: alinea las acciones y los objetivos con un propósito o una misión más amplia, a menudo relacionado con los valores personales o con las contribuciones sociales.

Mentalidad proactiva: consiste en tomar la iniciativa, anticiparse a los retos futuros y actuar con anticipación para abordarlos.

Mentalidad de víctima: se caracteriza por sentimientos de impotencia y culpa, en los que las personas se ven a sí mismas como víctimas impotentes de las circunstancias.

Mentalidad de aprendizaje: tener curiosidad y motivación para aprender cosas nuevas a través de múltiples canales, incluyendo a los demás, las experiencias, la formación formal y los programas a ritmo propio, así como las observaciones y reflexiones.

Todas estas mentalidades pueden interactuar entre sí y no son mutuamente excluyentes. Las personas suelen combinar e integrar múltiples mentalidades según el contexto, la situación, los acontecimientos y las experiencias personales.

Los sesgos influyen en las mentalidades

¿Qué es un sesgo? Un sesgo es una suposición sobre una categoría de personas, objetos y acontecimientos que produce un prejuicio a favor o en contra de una cosa, una idea, una persona o un grupo. Los sesgos pueden tener consecuencias positivas o negativas y se derivan de nuestra tendencia a organizar nuestro mundo social mediante la categorización.

Mientras que un sesgo consciente es explícito, un sesgo inconsciente es implícito. Ambos pueden influir en la toma de decisiones, ya sea de forma consciente o inconsciente.

Los prejuicios inconscientes son estereotipos sobre ciertos grupos de personas que los individuos forman sin ser conscientes de ello. Todo el mundo tiene creencias inconscientes sobre diversos grupos sociales y de identidad. De hecho, los prejuicios inconscientes comienzan a surgir durante la infancia media y parecen desarrollarse a lo largo de la edad adulta. Un ejemplo de los primeros prejuicios que la mayoría de nosotros hemos experimentado es que a las niñas que toman el mando en el patio del colegio se las llama «agresivas» o «mandonas», mientras que a los niños que hacen lo mismo se les considera dotados de capacidad de liderazgo.

Los prejuicios inconscientes son más frecuentes que los conscientes. Además, a menudo son incompatibles con los valores conscientes de cada uno. Por otra parte, los prejuicios inconscientes tienden a predominar cuando se realizan varias tareas a la vez, se trabaja bajo presión o se está cansado.

Esta tendencia universal a los prejuicios inconscientes se debe a que están arraigados en el cerebro. Los científicos han determinado recientemente que los prejuicios se localizan en la misma región del cerebro (la amígdala), asociada al miedo y la amenaza.

Sin embargo, los sesgos no son ni buenos ni malos. Los sesgos nos permiten procesar información sobre personas y situaciones de manera eficiente. En cierto modo, los sesgos son atajos mentales basados, en parte, en normas sociales y estereotipos. Tener sesgos no te convierte a ti (ni a nadie) en una mala persona, pero pueden hacer que tomes malas decisiones.

Por ejemplo, tomar una decisión basada en un sesgo, consciente o inconsciente, nos lleva por mal camino cuando hacemos una suposición errónea sobre una persona y luego actuamos o tomamos decisiones en función de esa suposición. Para evitarlo, es necesario ser más consciente de cómo tus sesgos influyen en tus decisiones.

Como escribió Mahzarin Banaji en *Harvard Business Review*, *«La mayoría de nosotros creemos que somos éticos e imparciales». Imaginamos que somos buenos tomadores de decisiones, capaces de evaluar objetivamente a un candidato para un puesto de trabajo o un acuerdo empresarial y llegar a una conclusión justa y racional que redunde en nuestro interés y en el de nuestra organización. Pero más de dos décadas de investigación confirman que, en realidad, la mayoría de nosotros estamos muy lejos de nuestra inflada percepción de nosotros* mismos».

Los sesgos cognitivos, tanto conscientes como inconscientes, influyen en nuestra forma de ver el mundo que nos rodea. Una vez más, esto no es ni bueno ni malo. Es simplemente un aspecto del ser humano. Lo importante es que, al ser muy conscientes de nuestros sesgos individuales y comprender cómo influyen en nuestra toma de decisiones, podemos superarlos o, al menos, limitar su impacto si así lo decidimos.

Por otro lado, los sesgos cognitivos pueden hacer que nuestros juicios sean irracionales y menos objetivos. Por ejemplo, el sesgo cognitivo conocido como descuento hiperbólico otorga mayor peso a la opción más cercana al presente al considerar una compensación entre dos momentos futuros.

También existe la famosa falacia del jugador, que convence a las personas de que, si una moneda ha caído cuatro veces seguidas del lado de cara, es más probable que caiga del lado de cruz en el quinto lanzamiento. Esto es incorrecto. En el quinto lanzamiento, las probabilidades siguen siendo del 50 % tanto para cara como para cruz.

Los sesgos inconscientes influyen directamente en nuestros sentimientos y en nuestra mentalidad, lo que afecta nuestros procesos de toma de decisiones. Podemos pensar que estamos tomando decisiones racionales, pero a menudo simplemente racionalizamos decisiones basadas parcialmente o mayoritariamente en emociones. Como dice la psicoterapeuta

Kathleen Saxton: *«Podemos pensar que nos guiamos por el pensamiento, pero, fundamentalmente, lo que sentimos es un motor más importante»*.

Los sesgos no se limitan al origen étnico ni al género. ¿Qué prevalencia tienen los sesgos? Son mucho más frecuentes de lo que se podría pensar, como se puede ver en la lista siguiente. Cada uno de estos 24 sesgos puede influir en el proceso de toma de decisiones de cualquier persona:

1. Sesgo egoísta: crees que tus fracasos se deben a factores externos, pero eres responsable de tus éxitos.
2. Anclaje: lo primero que juzgas influye en tu juicio sobre todo lo que sigue.
3. Sesgo de optimismo: sobreestimas la probabilidad de resultados positivos.
4. Sesgo pesimista: sobreestimas la probabilidad de resultados negativos.
5. Sesgo de negatividad: permites que las cosas negativas influyan de manera desproporcionada en tu forma de pensar.
6. Coste hundido: te aferras irracionalmente a cosas que ya te han costado algo.
7. Pensamiento grupal: dejas que la dinámica social de una situación grupal prevalezca sobre los mejores resultados.

8. Sesgo de grupo: favoreces injustamente a quienes pertenecen a tu grupo (sea cual sea tu definición de grupo).
9. Efecto placebo: si crees que estás tomando un medicamento, a veces puede «funcionar», incluso si es falso.
10. Efecto contraproducente: cuando algún aspecto de tus creencias fundamentales cambia, puede hacer que creas aún más firmemente en ellas.
11. Heurística de disponibilidad: tus juicios se ven influidos por lo que te viene a la mente con mayor facilidad.
12. Efecto de encuadre: te dejas influir indebidamente por el contexto y la forma de expresarlo.
13. Declinismo: recuerdas el pasado como mejor de lo que fue y esperas que el futuro sea peor de lo que probablemente será.
14. Maldición del conocimiento: una vez que entiendes algo, das por sentado que es obvio para todo el mundo.
15. Error fundamental de atribución: juzgas a los demás por su carácter, pero a ti mismo por la situación.
16. Efecto halo: lo mucho que te gusta alguien o lo atractivo que es influye en tus juicios sobre esa persona.

17. Sesgo de confirmación: favoreces las cosas que confirman tus creencias existentes.
18. Efecto Dunning-Kruger: cuanto más sabes, menos seguro te sientes.
19. Efecto Barnum: ves detalles personales en afirmaciones vagas que rellenan los huecos.
20. Sesgo de creencia: si una conclusión respalda tus creencias existentes, racionalizarás cualquier cosa que la respalde.
21. Hipótesis del mundo justo: tu preferencia por la justicia te lleva a suponer que existe.
22. Efecto espectador: presumes que otra persona tomará medidas en una situación.
23. Reactancia: prefieres hacer lo contrario de lo que alguien intenta que hagas.
24. Efecto foco: sobreestimas lo mucho que la gente se fija en tu aspecto y comportamiento.

Otro sesgo del que debemos ser conscientes es el sesgo de rol, por el cual nuestras decisiones y pensamientos pueden verse nublados cuando atribuimos las acciones y motivaciones de los demás a sus roles sociales (padres, profesores, jefes, influencers, etc.).

A pesar de nuestras mejores intenciones, estos sesgos a menudo nos hacen sentir inseguros y tratar mal a los demás cuando no los controlamos.

Estado de ánimo frente a mentalidad

Tendemos a asociar nuestra mentalidad con nuestro estado de ánimo: positivo, feliz, enfadado, frustrado, abrumado, seguro, etc. Pero son dos cosas distintas.

Tanto los estados de ánimo como las formas de pensar están relacionados con los estados emocionales y cognitivos de una persona. Sin embargo, difieren significativamente en su naturaleza, duración e impacto.

Un estado de ánimo es un estado emocional que puede ser positivo (feliz, emocionado) o negativo (enfadado, triste). Los estados de ánimo suelen ser más transitorios y fluctuar a lo largo del día. Pueden durar desde unos minutos hasta varias horas (o incluso días), pero no son tan duraderos como las mentalidades.

Los estados de ánimo tienden a verse influidos por diversos factores, entre ellos acontecimientos externos (como recibir buenas o malas noticias), estados fisiológicos (como el hambre o el cansancio) o pensamientos y reflexiones internas (que pueden ser buenos o malos). Los estados de ánimo afectan el comportamiento y las percepciones de las personas, influyendo en cómo reaccionan ante las situaciones e interactúan con los demás en cada momento. En los peores casos, los estados de ánimo nos llevan a sufrir un secuestro emocional (véase más abajo).

Por el contrario, las mentalidades son formas profundamente arraigadas y habituales de pensar, interpretar y responder a las situaciones. Las mentalidades tienden a ser más cognitivas y reflexivas que los estados emocionales.

Las mentalidades se desarrollan a lo largo de períodos más largos y son relativamente estables en el tiempo. Como resultado, las mentalidades suelen persistir durante meses o años. Muchas permanecen durante toda la vida, a menos que se cambien intencionadamente.

Las experiencias personales, la educación y los patrones de pensamiento recurrentes dan forma a las mentalidades. También se forman a través de la cultura, la educación y las normas sociales de cada persona.

Como se puede observar, los estados de ánimo tienden a ser fugaces y cambiantes, mientras que las mentalidades son duraderas y consistentes durante períodos más prolongados. Entre los estados emocionales, los estados de ánimo están controlados por la amígdala, mientras que la corteza prefrontal es responsable del marco cognitivo de las emociones. Tanto los estados de ánimo como las mentalidades influyen en y afectan los comportamientos, las percepciones, los pensamientos y las creencias. Ambos también influyen en la forma en que cada individuo aborda la vida, las oportunidades, los reveses y los desafíos.

Mentalidades secuestradas emocionalmente

Todos sabemos que las emociones pueden secuestrar los procesos de pensamiento del cerebro. Creo que el psicólogo y autor Daniel Goleman fue el primero en describirlo como «secuestro emocional».

Los científicos ahora están demostrando cómo ocurre esto y validando la atención plena como una forma de prevenir y gestionar el secuestro emocional. El cerebro está compuesto por numerosos módulos altamente especializados que analizan situaciones y preparan reacciones. La interacción entre estos módulos determina el comportamiento. Desgraciadamente, la mayor parte de esta interacción se produce de forma subconsciente y automática.

En un proceso que los neurocientíficos denominan «reconocimiento de patrones», nuestro cerebro intenta contrarrestar la toma de decisiones que refleja la ansiedad que nos produce la propia toma de decisiones, reduciendo y simplificando nuestras opciones. Este intento de encontrar certeza en situaciones inciertas conduce a conclusiones prematuras, a menudo basadas en enfoques anteriores que han tenido éxito. Al hacerlo, el cerebro impide que surjan o se consideren más y mejores opciones.

Del mismo modo, el etiquetado emocional en nuestros recuerdos nos indica si debemos prestar atención a algo o a alguien y qué tipo de acción debemos considerar. Curiosamente, las investigaciones neurológicas muestran ahora que cuando las áreas del cerebro que controlan las emociones están dañadas, nos volvemos lentos e incompetentes a la hora de tomar decisiones, aunque conservemos la capacidad de análisis objetivo. Todos sabemos lo que se siente al tomar malas decisiones cuando nos dejamos llevar por las emociones.

Dado que algunos módulos del cerebro se centran en obtener beneficios y otros en proporcionarlos, a menudo entran en conflicto. De ahí los problemas a los que se enfrentan las personas que intentan perder peso cuando se topan con el olor de unos dónuts recién horneados. Una parte del cerebro quiere obtener los beneficios de comer donuts, mientras que otro módulo envía señales para restringir el consumo de calorías.

Aunque estos módulos están interconectados, no están integrados. Por lo tanto, muchas partes del cerebro intentan imponer su autoridad. Aunque algunos comparan el cerebro con el sistema operativo de un ordenador, esta no es la mejor descripción. El cerebro se parece más a una colección de aplicaciones de un smartphone abiertas a la vez y que claman por ser utilizadas. Al igual que un teléfono solo puede ejecutar una aplicación a la vez (con el resto funcionando en modo de fondo), el cerebro solo opera un módulo a la vez, con todos los demás esperando ansiosamente en modo de espera.

Estos módulos también pueden generar conflictos en el comportamiento emocional. Por ejemplo, mientras que reprender a alguien por un mal servicio al cliente puede proporcionar el beneficio emocional de expresar indignación, otro módulo del cerebro señalará que un arrebato de ira puede afectar negativamente la presión arterial y la salud cardíaca.

Las investigaciones en neurociencia revelan que las prácticas de mindfulness y la meditación pueden entrenar al cerebro para que sea menos reactivo ante los cambios emocionales. Estas técnicas también pueden ayudar a evitar que los módulos equivocados se apoderen del control de nuestro cerebro y nuestras decisiones.

En su libro *Altered Traits: Science Reveals How Meditation Changes Your Mind, Brain, and Body* (Rasgos alterados: la ciencia revela cómo la meditación cambia tu mente, tu cerebro y tu cuerpo), Daniel Goleman describe un estudio realizado con monjes budistas:

> *Se escaneó el cerebro de los meditadores mientras veían imágenes perturbadoras de personas que sufrían, como víctimas de quemaduras. Los cerebros de los practicantes experimentados mostraron un menor nivel de reactividad en la amígdala; eran más inmunes al secuestro emocional. La razón: sus cerebros tenían una conectividad operativa más fuerte entre la corteza prefrontal, que gestiona la reactividad, y la amígdala, que desencadena esas reacciones. Como saben los neurocientíficos, cuanto más*

fuerte es este vínculo concreto en el cerebro, menos se verá secuestrada una persona por los altibajos emocionales de todo tipo.

Cuando se es capaz de afrontar y controlar mejor los sentimientos, en lugar de limitarse a reaccionar instintivamente ante ellos, la capacidad de mantener la calma y de rechazar los secuestros emocionales aumenta. Y, por supuesto, cuanto menos se deje secuestrar por los altibajos emocionales, mejores decisiones tomarán. Por eso, la primera decisión que hay que tomar es hacer una pausa y decidir responder en lugar de reaccionar.

Mantener el control sobre las interacciones entre las emociones y el cerebro ha sido, durante mucho tiempo, el secreto del éxito de quienes desempeñan profesiones de alta presión, desde los antiguos guerreros samuráis hasta los astronautas y los Navy SEALs. Ahora nos encontramos en un momento en el que este conocimiento puede aplicarse a todos nosotros en nuestros procesos de toma de decisiones y a través de nuestra capacidad para establecer mentalidades intencionales que controlen nuestros comportamientos, acciones, palabras y emociones.

Mentalidad intencional

Afortunadamente, puedes ser intencional respecto de la mentalidad con la que abordas cada día. Se necesita reflexión, meditación y selección para establecer intencionalmente tu tono mental diario. Es como seleccionar la lista de reproducción que quieres que resuene en tu cabeza durante todo el día. Y no es necesario que sea la misma lista de reproducción todos los días.

Recuerda que no hay dos cosas que puedan ocupar el mismo espacio al mismo tiempo. Los pensamientos no están exentos de esta regla. El cerebro solo puede centrarse en un pensamiento a la vez (aunque con frecuencia cambia entre varios pensamientos en microsegundos). Con pensamientos intencionales de Humony Mindset, tu cerebro dejará de lado los pensamientos negativos, sesgados y otros inútiles. Cuanto más fuerte sea tu mentalidad intencional, más fuertes serán el aura y la presencia que irradies y muestres a los demás.

Tu aura es una atmósfera distintiva que te rodea y tú mismo generas. Puedes pensar en ella como el campo de energía que emites. Es una atmósfera sutil que emana de ti.

No juzgar es una de las mejores mentalidades que se pueden desarrollar y aplicar intencionadamente. No sabes todo lo que ocurre en la vida de otras personas. No juzgues y acepta la realidad de su estado actual.

Reaccionar emocionalmente ante las personas, los acontecimientos y las situaciones altera de inmediato el aura y la presencia de uno. Cuando uno reacciona, es probable que su mentalidad intencional se vea desplazada. Las emociones reactivas estallan en acciones, comportamientos y arrebatos verbales lamentables. Nos referimos a ellos como crisis emocionales y secuestros emocionales.

Como sociedad y como seres humanos, necesitamos desarrollar una nueva predisposición a hacer una pausa y responder en lugar de reaccionar. Recuerda que nuestro personal de emergencia se llama «primeros intervinientes», no «primeros reactivos». Los resultados serían terribles si reaccionaran en lugar de responder ante situaciones de emergencia.

No hemos olvidado cómo ser amables, humanos y justos. Desgraciadamente, hoy en día parece que esos atributos se consideran con demasiada frecuencia debilidades que pueden someterse fácilmente a enfrentamientos, confrontaciones, rudeza y un enfoque no colaborativo en las interacciones interpersonales. Pero detenerse y responder no son debilidades. Son signos de una mentalidad sana e intencionada.

Emplear una mentalidad intencional te ayuda a poner en práctica una rutina regular de cuestionamiento y perfeccionamiento de tus hábitos, rutinas y procesos con el fin de minimizar los contratiempos futuros y mejorar tus posibilidades de alcanzar los resultados deseados cada día. También potencia los aspectos positivos de las huellas emocionales que creas en ti mismo y en los demás.

Trato la mentalidad intencional con más detalle en el capítulo *«Alcanzar una mentalidad Humony»*. Pero primero, déjame explicarte por qué Humony y el aprovechamiento de una mentalidad Humony pueden ser soluciones a los numerosos problemas a los que se enfrenta la humanidad hoy en día.

Para diseñar un futuro de cambio positivo,
primero debemos convertirnos en expertos
en cambiar nuestra forma de pensar.
Jacque Fresco

Cuando nos liberamos de la idea de separación,
tenemos compasión, tenemos comprensión,
y tenemos la energía que necesitamos para ayudar.
Thich Nhat Hanh

El que vive en armonía consigo mismo,
vive en armonía con el universo.
Marco Aurelio

¿Cómo cambiamos el mundo?
Un acto de bondad, un acto de compasión
a la vez.
Y con cada acto de respeto mutuo.
Steven Howard

CAPÍTULO 2

¿Por qué Humony?

Nunca dudes de que un pequeño grupo
de ciudadanos reflexivos y comprometidos
puede cambiar el mundo.
De hecho, es lo único que lo ha cambiado.
Margaret Mead

En todo el mundo, vivimos en sociedades y culturas divididas.

Tenemos demasiadas «Karens» que abogan por el abuso verbal contra las personas de color. Demasiados pasajeros que gritan a otros viajeros y al personal de las aerolíneas, a menudo utilizando palabras de odio y abusos. Demasiados presentadores de televisión se ridiculizan y se burlan unos de otros en busca de mayores índices de audiencia e ingresos.

Nuestras redes sociales están llenas de ira que estalla en aviones y aeropuertos, de peleas entre aficionados en eventos deportivos, de un aumento de los casos de agresividad al volante y de demasiado drama en el lugar de trabajo. Un ejemplo: el 90 % de los trabajadores de atención al cliente encuestados en octubre de 2023 afirmaron haber sufrido un aumento de los abusos por parte de los clientes, como gritos, insultos o amenazas de violencia.

Hoy en día hay una gran falta de respeto en la sociedad. La gente se siente libre de acercarse a otras personas, incluso a mujeres y niños, y de gritarles en la cara. Las pequeñas ofensas se convierten rápidamente en altercados verbales y físicos. Los padres insultan a los árbitros y jueces en los eventos deportivos de sus hijos. Son muy pocas las personas que dan ejemplo de respeto en público o en el lugar de trabajo.

En un incidente particularmente inquietante que muestra lo cruel y mezquina que se ha vuelto nuestra sociedad, los aficionados a un evento en honor a los mejores jugadores del equipo de baloncesto de los Chicago Bulls abuchearon a la viuda del antiguo director general del equipo. Este hombre había sido el artífice del fenomenal éxito del equipo en la década de 1990. En representación de su difunto marido en la ceremonia, ella tuvo que contener las lágrimas durante su presentación. Su orgullo al ver a su difunto marido entrar en el Salón de la Fama de los Bulls se convirtió en una experiencia devastadora por culpa de estos aficionados irreflexivos, groseros y crueles que se complacían en expresar su descontento con él.

Vemos a demasiadas personas criticando a otras en las redes sociales por tener opiniones contrarias a las suyas. Cualquiera puede convertirse en un guerrero del teclado que vomita odio y ridiculiza a diestro y siniestro. Parece que todo el mundo está gritando, pero nadie escucha. Se lanzan palabras cargadas de emoción y etiquetas, que abruman cualquier intento de discusión o discurso racional.

Sin embargo, una lección que nos ha enseñado la pandemia es que las personas quieren una mayor conexión humana. Y mejores conexiones humanas. Conexiones positivas, sólidas, atractivas y satisfactorias.

También necesitamos más armonía en nuestras vidas. En nuestras familias y amistades. En las escuelas. En nuestras comunidades y lugares de trabajo.

Para lograrlo, necesitamos un cambio de mentalidad, tanto individual como colectiva. Un cambio que pase de «¿Qué hay para mí?» a «¿Qué huella emocional dejo en mis interacciones con los demás?».

En los primeros días de la televisión y el cine, Theodor Adorno advirtió que *«la televisión frívola es intrínsecamente peligrosa porque distorsiona el mundo y nos imbuye de estereotipos y prejuicios que empezamos a asumir como propios»*. Condenó las formas de comunicación de masas, como la televisión y la radio, alegando que conducen a la erosión tanto de la inteligencia como de los sentimientos y a una disminución de la capacidad de tomar decisiones y juicios morales. ¡Solo puedo imaginar cómo se sentiría ante la explosiva expansión y el impacto de las redes sociales hoy en día!

Sin duda, se horrorizaría ante la proliferación actual de las redes sociales. ¿Qué tienen de social? No son más que intercambios de información (no siempre veraz) e imágenes, a menudo sin reflexión ni perspicacia. Todos nos hemos convertido en canales de distribución de medios. Lo que necesitamos ser es editores, no conductos sin sentido ni reflexión. Sería mejor que todos nos convirtiéramos en distribuidores de conocimiento en lugar de frases hechas y opiniones.

Nos hemos vuelto insensibles a la violencia, al sexo gratuito, a la ira y al egocentrismo que dominan excesivamente nuestras pantallas. Hollywood nos ha enseñado que tomarnos la justicia por nuestra mano es lo correcto. Nos hemos acostumbrado a que los políticos, los presentadores de noticias, los atletas, los entrenadores deportivos, las personalidades de los medios de comunicación y las celebridades nos muestren que está bien menospreciar y degradar públicamente a los demás, ya que esto es bueno para los índices de audiencia y los ingresos publicitarios. El sarcasmo reina sobre la reflexión. La maldad recibe más atención que la bondad. Y la empatía hacia quienes están fuera de nuestros círculos íntimos se considera inútil y una debilidad.

Hay demasiada gente irritable y enfadada, dispuesta a despotricar contra cualquier cosa y cualquier persona con la que no esté de acuerdo o que considere un obstáculo. Demasiada gente se centra en menospreciar las cosas y a los demás, en lugar de valorarlas. Se quejan, critican, condenan y siguen adelante. Es mucho más fácil denunciar lo que no nos gusta que tomar medidas meditadas para encontrar soluciones.

Las peleas físicas son más comunes y se difunden fácilmente a través de vídeos en las redes sociales. Y no solo en el trabajo y en los estadios deportivos. Incluso Disney World (supuestamente «el lugar más feliz del mundo») ha sido testigo de peleas entre visitantes y enfrentamientos entre huéspedes y personal del parque.

Lo diré de nuevo: necesitamos armonía en nuestras vidas, en nuestras familias, en nuestras escuelas, en nuestras comunidades y en nuestros lugares de trabajo.

Para lograrlo, necesitamos un cambio de mentalidad colectivo. Yo creé la palabra «Humony» para definir esta nueva mentalidad. Humony es una palabra creada, que combina «humano», «humanidad» y «armonía» para reflejar nuestra necesidad de construir y vivir vidas de conexión, bienestar y armonía.

Cada uno de nosotros tiene la capacidad de crear un mundo mejor para que lo hereden nuestros hijos y nietos. Solo necesitamos la mentalidad adecuada para poner en práctica nuestras capacidades.

¿Han evolucionado los seres humanos hasta convertirse en una especie malvada? ¿Nuestro verdadero estado natural como seres humanos comprende el odio, la crueldad y el egoísmo? Creo que no. Creo que la perspectiva del expresidente de México, Andrés Manuel López Obrador, se acerca más a la verdad:

> *Los seres humanos no son malos por naturaleza. No nacemos malos. Son ciertas circunstancias las*

que llevan a algunas personas a tomar el camino del comportamiento antisocial y esas circunstancias tienen que cambiar. Hay que combatir la desigualdad y la pobreza, garantizar oportunidades de trabajo y salarios justos, y cuidar a los jóvenes. Hay que reforzar los valores culturales, morales y espirituales. Debemos aspirar a vivir en una sociedad mejor, lo cual es esencial para combatir el flagelo de la violencia.

Así que, sí, aunque los seres humanos no somos malos por naturaleza, nuestras acciones colectivas se han vuelto menos que óptimas para crear experiencias de vida satisfactorias, benevolentes y felices para demasiadas personas. La humanidad necesita una llamada de atención para comprender lo que nos hemos hecho y seguimos haciéndonos unos a otros, por no hablar de lo que seguimos haciendo al planeta que nos alberga.

Dado que ningún problema puede resolverse sin antes ser reconocido, examinemos algunos de los principales problemas a los que se enfrenta la humanidad en la actualidad. La única forma de cambiar algo en nuestras sociedades o especies es reconocer, aceptar y ponernos de acuerdo sobre qué es más deseable cambiar para crear un mundo mejor y una vida mejor para nosotros y para las generaciones futuras.

Desconexión y soledad

Las personas están cada vez más desconectadas unas de otras. El sentido de comunidad ya no impregna nuestra mentalidad, salvo en un sentido nacionalista y patriótico. Sin duda, esto es más evidente y observable en Estados Unidos que en otras partes del mundo. Sin embargo, se trata de una tendencia al alza a nivel mundial, acelerada en parte por la reciente pandemia.

Una investigación realizada por Gallup en más de 140 países en 2023 reveló que casi una de cada cuatro personas en todo el mundo se siente muy o bastante sola. Otro 27 % indicó que se sentía al menos un poco solo. En conjunto, eso supone algo más del 50% de la humanidad.

La soledad en Estados Unidos ha alcanzado proporciones epidémicas, ya que casi el 60% de los estadounidenses afirman sentirse solos en la actualidad (2024), frente al 46% en 2018. Es obvio que las conexiones en las redes sociales no son suficientes para evitar este problema. Es poco probable que esas conexiones superficiales y los seguidores ayuden en una crisis. Hay que centrarse en la calidad de las conexiones, no en la cantidad.

«Estamos en una crisis de conexión», señala Niobe Way, profesora de psicología y fundadora del Proyecto para el Avance de Nuestra Humanidad Común en la Universidad de Nueva York. *«Desconexión de nosotros mismos y desconexión entre nosotros. Y está empeorando».*

Esto va mucho más allá de la participación en la comunidad y el vecindario. Según un artículo reciente de *The Hill*, más del 60% de los hombres jóvenes de Estados Unidos son solteros, casi el doble que las mujeres jóvenes sin pareja. Según el artículo, estos hombres no tienen relaciones sentimentales, están sexualmente inactivos, no tienen amigos y se sienten solos.

Esta tendencia ha llevado al cirujano general a advertir que la desconexión social es tan perjudicial para la salud como fumar 15 cigarrillos al día. El título de la advertencia es revelador: *nuestra epidemia de soledad y aislamiento.* El informe califica esta epidemia como un problema de salud pública y afirma que la soledad está asociada con un mayor riesgo de enfermedades cardiovasculares, demencia, accidentes cerebrovasculares, depresión, ansiedad y muerte prematura.

En el pasado, la religión era una de las vías más importantes para que las personas se relacionaran entre sí. Esto ya no es así. Hoy en día, la religión se está volviendo dogmática y estrecha. Y lo que es peor, muchos practicantes religiosos tienen hoy en día la actitud de que sus creencias religiosas, en lugar de basarse en la fe y el misterio, son una certeza. ¡Todo el que cree algo diferente está equivocado y debe callarse!

Un estudio reciente del Instituto de Investigación sobre Religión Pública reveló que más de una cuarta parte de los estadounidenses se consideran ahora sin afiliación religiosa. Además, la importancia percibida de la religión en la vida de las personas ha disminuido considerablemente. Hace una década, el 63% de los estadounidenses citaba la religión como uno de los aspectos más importantes —o el más importante— de sus vidas. En 2024, esa cifra ha descendido al 52%.

No es de extrañar que esta disminución de la conexión se haya visto complementada por un aumento de la depresión. Por supuesto, la soledad y la alienación de quienes nos rodean no son los únicos factores. El estrés, las preocupaciones económicas, la ansiedad y los altos niveles de división general en la sociedad también son factores importantes que contribuyen a ello.

Un estudio del Instituto Nacional de Salud Mental muestra que la depresión está aumentando entre los adultos estadounidenses, y más del 7% ha experimentado al menos un episodio depresivo grave a lo largo de su vida. Las estimaciones actuales indican un aumento del 67% de la demencia, la enfermedad de Alzheimer y los accidentes cerebrovasculares para 2030, lo que afectará a más de 10 millones de personas en Estados Unidos y a más de 76 millones en todo el mundo. Peor aún, la Asociación Americana del Corazón y la Asociación Americana de Accidentes Cerebrovasculares estiman que el 60% de los estadounidenses desarrollarán una enfermedad cerebral a lo largo de su vida.

Además, numerosos estudios de investigación han documentado la prevalencia del agotamiento, especialmente en el lugar de trabajo. Esto no es nuevo, ya que la Organización Mundial de la Salud declaró el agotamiento como un fenómeno ocupacional en 2019 (antes de la pandemia).

Para empeorar las cosas, un estudio reciente de la Universidad de Waterloo, en Canadá, muestra que la soledad afecta negativamente la memoria más que el aislamiento social en los adultos mayores. Los investigadores de la universidad examinaron durante seis años cuatro combinaciones de aislamiento social y soledad y su efecto en la memoria de adultos de mediana edad y mayores. Estas combinaciones incluían estar socialmente aislado y solo, estar socialmente aislado y solo, estar solo y no estar ni lo uno ni lo otro.

«Como esperábamos, las personas socialmente aisladas y solitarias presentaron el mayor deterioro de la memoria, que se intensificó a lo largo de los seis años», afirmó Ji Won Kang, autor principal de los resultados del estudio. *«Pero nos sorprendió descubrir que la soledad, por sí sola, tenía el segundo mayor impacto en la* memoria». Estos son resultados importantes, ya que aproximadamente un tercio de los canadienses afirman sentirse solos.

El Informe Mundial sobre la Felicidad es una colaboración entre Gallup, el Centro de Investigación sobre el Bienestar de Oxford, la Red de Desarrollo Sostenible de las Naciones Unidas y el consejo editorial del Informe Mundial sobre la Felicidad. En su estudio de 2024, recientemente publicado, la felicidad a todas las edades ha disminuido en el sur de Asia, Oriente Medio y el norte de África. Los países nórdicos de Finlandia, Dinamarca y Suecia siguen ocupando los primeros puestos en felicidad general. Por supuesto, la felicidad general varía mucho de un país a otro.

Sin embargo, lo que me resultó más interesante de su reciente informe es que la desigualdad en la felicidad entre los distintos grupos de edad ha aumentado en todas las regiones del mundo, excepto en Europa. La sabiduría convencional y los estudios anteriores han demostrado que los adultos jóvenes (menores de 30 años) suelen ser el grupo demográfico más feliz. Sin embargo, en esta ocasión, los adultos jóvenes tienen niveles de felicidad muy por debajo de los adultos mayores (mayores de 60 años) en numerosos países. ¿Qué augura esto para el futuro de la humanidad?

Sorprendentemente, vivimos en una época de gran prosperidad mundial, pero también de altos niveles de depresión e insatisfacción entre los jóvenes. Además, las personas que viven en economías de altos ingresos tienen niveles de participación social sustancialmente más bajos que sus homólogos de otras economías. ¡Qué contradicciones tan notables!

Un estado antinatural

En el siglo XVII, el filósofo Thomas Hobbes describió la condición natural del ser humano como «solitario, pobre, desagradable, brutal y breve». Para la mayor parte del mundo, hemos avanzado mucho desde entonces. Hoy en día, al menos en el mundo desarrollado, la vida es placentera, cómoda y larga, si se es rico o se tiene una buena situación económica. Para el resto, la vida actual es dura, estresante, llena de dramas y conflictos, y bastante larga.

La tendencia para las generaciones futuras parece clara: la vida será, por desgracia, larga, difícil, estresante y llena de falta de respeto y de crueldad.

Hobbes también describió a la especie humana como naturalmente vanidosa, deseosa de dominar a los demás y exigir su respeto. Sin duda, eso define una gran parte del viaje de la vida actual para muchos (especialmente para la mayoría, a quienes se les exige respeto).

Por otro lado, Jean-Jacques Rousseau creía que el estado de naturaleza injusto, salvaje y egoísta descrito por Hobbes no era una imagen precisa de lo que él llamaba «el hombre natural». Rousseau consideraba que Hobbes describía al «hombre civilizado» y afirmaba que la sociedad inducía a este estado salvaje y egoísta. Rousseau creía que el estado natural de la humanidad era de inocencia, felicidad e independencia. Decía que el hombre nace libre y que la sociedad lo corrompe. Es la civilización la que ejerce una influencia corruptora sobre las personas, que son instintivamente buenas.

Según Rousseau, el verdadero estado de la naturaleza es idílico y los seres humanos son fundamentalmente buenos y dotados de virtudes innatas. Estas virtudes incluyen la compasión y la empatía. Desgraciadamente, la imposición de la sociedad civil aleja a la humanidad de estas virtudes y la lleva al vicio, a la codicia y al egocentrismo. Aunque escritas a mediados del siglo XVIII, las observaciones de Rousseau siguen siendo válidas hoy en día. No hay duda de que gran parte de la humanidad actual se encuentra en la miseria.

El agotamiento se reconoce hoy en día como una crisis mundial, con un notable aumento de su gravedad y prevalencia en todas las regiones en comparación con hace cinco años (2024). Entre los factores clave de este aumento se incluyen:

- Desequilibrio entre la vida laboral y la personal.
- La estabilidad económica y la inseguridad laboral.
- Liderazgo y gestión deficientes en el lugar de trabajo
- Largas jornadas laborales
- Recursos insuficientes para la salud mental
- Inestabilidad social

Las tasas de depresión también han aumentado a nivel mundial desde 1999, con los incrementos más significativos en las regiones que experimentan dificultades económicas, inestabilidad política o urbanización rápida. Estas causas también se vieron agravadas por la pandemia de COVID-19, especialmente en Estados Unidos y Europa. Lamentablemente, los jóvenes, en particular los de entre 18 y 29 años, han experimentado los mayores aumentos en las tasas de depresión, especialmente en regiones con un alto uso de las redes sociales y presiones académicas. Los adolescentes también se ven cada vez más afectados, y los problemas de salud mental comienzan ahora a edades más tempranas.

Las mujeres registran sistemáticamente tasas de depresión más altas que los hombres. Esta disparidad está relacionada con los roles sociales, las presiones económicas, las responsabilidades de cuidado y el aumento de las tasas de violencia doméstica. Según los informes, esta brecha de género en la depresión es más pronunciada en América Latina y Oriente Medio.

Además de los factores citados anteriormente para el agotamiento, otras causas de la creciente crisis mundial de salud mental son:

- Aislamiento social
- Influencia de las redes sociales
- Inestabilidad política
- Violencia y delincuencia
- Envejecimiento de la población y obligaciones familiares
- Desigualdad económica, pobreza y desempleo
- Conflictos y guerras
- Falta de acceso a la atención de salud mental

Los niveles de soledad también han aumentado en general a nivel mundial desde 1999, con los aumentos más significativos en regiones que experimentan una rápida urbanización, cambios económicos o agitación social. La llegada de la comunicación digital también ha desempeñado un papel complejo, ya que a menudo exacerba los sentimientos de aislamiento, a pesar del aumento de la conectividad en las redes sociales. Si bien la comunicación digital facilita y abarata la conexión, este canal carece de la profundidad y la vitalidad de las interacciones cara a cara, lo que contribuye a intensificar la sensación de soledad.

Los adultos jóvenes (18-29 años) y las personas mayores son los más afectados por la soledad. En el caso de los adultos jóvenes, el aumento se atribuye principalmente al uso de las redes sociales y a los cambios en la dinámica social. En el caso de las personas mayores, las causas principales son el aumento de la esperanza de vida y el hecho de que cada vez más personas mayores viven solas o lejos de su familia.

Las mujeres también reportan niveles más altos de soledad que los hombres, especialmente en regiones donde pueden enfrentarse a restricciones sociales o a expectativas culturales que limitan la interacción social. Sin embargo, los hombres suelen experimentar sentimientos de soledad más intensos debido a las presiones sociales que les obligan a reprimir la expresión emocional.

¿Qué importancia tiene este problema? Mucha. En Estados Unidos, el 36% de los adultos declara sufrir niveles graves de soledad, frente al 25% en 1999. Se han registrado aumentos similares en América Latina, Europa, Asia, Oriente Medio y África. Además de los factores citados anteriormente, otras causas de este aumento global de la soledad son:

- Inestabilidad política
- Migración y desplazamiento
- El debilitamiento de los lazos comunitarios y la fragmentación de las comunidades
- Cambios en las estructuras sociales tradicionales
- Envejecimiento y reducción de los círculos sociales
- Debilitamiento de las estructuras familiares

- Acceso limitado a los servicios sociales
- Presiones laborales y académicas

Las tasas de suicidio entre los adolescentes también han aumentado en general en todas las regiones geográficas desde 1999, con un aumento especialmente acusado en Estados Unidos y en Asia. Este aumento se debe a una compleja interacción de factores, entre los que se incluyen el aumento de los problemas de salud mental, la influencia de las redes sociales y las presiones socioeconómicas. Curiosamente, el aumento de las tasas de suicidio es más pronunciado entre los preadolescentes y los adolescentes más jóvenes (de 10 a 14 años) en Estados Unidos y Europa, mientras que los adolescentes mayores (de 15 a 19 años) se enfrentan a mayores riesgos en Asia.

En Estados Unidos, la tasa de suicidios entre adolescentes casi se ha duplicado en los últimos cinco años, pasando de aproximadamente 14,5 por cada 100 000 adolescentes en 2014, frente a solo 8 por cada 100 000 en 1999. Este aumento es especialmente notable entre las adolescentes.

Las tasas de suicidio entre los adolescentes en América Latina también están aumentando, sobre todo en Brasil y México, debido a las dificultades económicas y la violencia de género. En Asia, Corea del Sur y Japón tienen algunas de las tasas más altas de suicidio entre adolescentes del mundo, de alrededor de 12-14 por cada 100 000 adolescentes. La intensa presión académica y el estigma social son los dos factores más citados.

En todo el mundo, las principales causas del suicidio entre los adolescentes son:

- Problemas de salud mental, especialmente la depresión y la ansiedad.
- El acoso escolar y el ciberacoso.
- Problemas de imagen corporal.
- Conflictos familiares y abusos.
- Influencia de las redes sociales, agravada por una cultura de la comparación.
- Acceso a armas de fuego
- Violencia y delincuencia, incluida la violencia de las bandas
- Dificultades económicas y pobreza
- Abuso de sustancias
- Presión académica
- Aislamiento social y falta de apoyo emocional
- Conflictos y traumas relacionados con la guerra
- Presiones culturales y religiosas
- Falta de acceso a la atención de salud mental

En todo el mundo, las principales causas de muerte están predominantemente relacionadas con el estilo de vida: enfermedades cardíacas, cáncer, enfermedades respiratorias crónicas, accidentes cerebrovasculares, demencia, enfermedad de Alzheimer y diabetes. Esto significa que algunos cambios en los hábitos de vida (dejar de fumar, perder peso, hacer más ejercicio, técnicas de reducción del estrés, una alimentación más saludable y un mejor control de la presión arterial) aumentarían la longevidad media.

Las principales causas de muerte no relacionadas con el estilo de vida también son sociales: violencia, homicidios por conflictos y accidentes (lesiones no intencionadas, incluidos los accidentes de tráfico, las sobredosis accidentales de drogas y las caídas).

En Estados Unidos, casi 130 millones de personas padecen al menos una enfermedad crónica, lo que supone una carga económica y personal que se prevé que aumente en un futuro próximo. Sorprendentemente, más del 90% de los 4,1 billones de dólares que se gastan anualmente en atención sanitaria en Estados Unidos se destina al tratamiento de estas afecciones físicas y mentales.

Además, casi 150.000 hombres estadounidenses mueren cada año por trastornos relacionados con el alcohol, término médico que abarca el alcoholismo. La edad media de estos hombres es de solo 47 años, lo que reduce en unos 25 años su esperanza de vida normal.

Curiosamente, las investigaciones muestran que las personas que viven en sociedades con grandes diferencias entre los ricos y el resto de la población tienen una vida más corta que las que viven en sociedades más igualitarias. Además, la desigualdad en la distribución de los ingresos y la riqueza aumenta la aceptabilidad de comportamientos egoístas y poco éticos.

Las personas que viven en sociedades muy desiguales sienten «una menor sensación de control», según James Pethokoukis, del American Enterprise Institute. Añade que también *«ven con menos recelo los comportamientos poco éticos, ya sean de otros o de ellos mismos, que las personas que viven en sociedades claramente más igualitarias»*.

Las investigaciones realizadas por científicos sociales de la Universidad Northwestern y la Universidad Rutgers confirman que la distribución desigual de los ingresos y la riqueza aumenta la «aceptabilidad de los comportamientos egoístas y poco éticos».

Sin duda, cuanto más tiempo dejemos que la desigualdad defina nuestras vidas contemporáneas, más reflejarán los comportamientos poco éticos y egoístas que se observan en las sociedades actuales nada más que una noción errónea de que así es como funciona naturalmente nuestro mundo.

Supongamos que las opiniones de Rousseau sobre la naturaleza humana son válidas. Necesitamos volver a ese estado natural de la humanidad que él describe. Donde reinan las virtudes de la compasión y la empatía.

¿Cómo podemos volver a ese estado idílico de felicidad? En realidad, probablemente no podamos hacerlo para toda la sociedad y la civilización. Hemos avanzado demasiado por el camino de la llamada civilización.

Pero, ¿qué hay de nuestros rincones personales en la Tierra?

Esto es sin duda factible. Solo hace falta recuperar proactivamente nuestras virtudes innatas, en particular los rasgos humanos intrínsecos de la compasión, la bondad y la empatía. Este es nuestro estado natural como seres humanos, como se observa en los niños, hasta que se les enseña lo contrario.

Los niños son naturalmente empáticos y compasivos con los seres humanos y los animales. Si la humanidad se encontrara alguna vez con extraterrestres, deberíamos enviar a los niños a recibirlos, no a los soldados para amenazarlos y luchar contra ellos.

Un estado insostenible

Por desgracia, el mundo actual parece mucho menos idílico. Y no se trata solo de un pensamiento peyorativo.

Un análisis del McKinsey Global Institute de 2024 muestra que aproximadamente 4.700 millones de personas en todo el mundo carecen de empoderamiento económico, incluidos más de 300 millones en países de altos ingresos. Sorprendentemente, esto incluye a más de una cuarta parte de la población de Estados Unidos, de la Unión Europea y del Reino Unido. McKinsey define el empoderamiento económico como la capacidad de las personas para satisfacer sus necesidades básicas de subsistencia, combinada con la capacidad de tomar decisiones sobre sus vidas.

Los problemas de salud mental se han agravado considerablemente, una tendencia que ya se observaba antes de la pandemia y que se ha acelerado como consecuencia de ella. Las tasas de ansiedad, depresión y trastornos relacionados con el estrés se han disparado, especialmente entre los jóvenes.

Los problemas de salud mental siguen estigmatizados en todo el mundo, y el envejecimiento de la población ha provocado un aumento de la demencia, la enfermedad de Alzheimer, los accidentes cerebrovasculares y otros trastornos.

Aproximadamente una docena de conflictos transfronterizos tienen lugar en África, Europa, el Cáucaso y Asia. Además, hay más de dos docenas de conflictos civiles internos en curso, muchos de los cuales provocan el desplazamiento significativo de millones de ciudadanos dentro de sus propios países y hacia otros. Entre ellos se incluyen los conflictos en la República Democrática del Congo, Haití, Myanmar, Nigeria, Pakistán, Somalia, Sudán y Yemen.

A esto se suman los países que atraviesan conflictos políticos internos, lo que lleva a los emigrantes a buscar seguridad, refugio y estabilidad en otros lugares. Entre ellos se encuentran Afganistán, Bielorrusia, Cuba, Etiopía, Haití, Myanmar, Nicaragua, Nigeria, Sudán, Siria y Venezuela.

Quizás aún peor, más de 800 millones de personas pasan hambre cada día, lo que supone aproximadamente el 10 % de la población mundial. Además, más de 2000 millones de personas (alrededor del 25 % de la humanidad) tienen acceso limitado a una alimentación adecuada, a pesar de que nuestro sistema alimentario mundial produce suficiente para alimentar a todas las personas del planeta. Y más de 771 millones de personas carecen de acceso al agua potable.

A pesar de todo este sufrimiento global continuo, nada ha cambiado. Pero hay que hacer algo. Y hay que empezar por cada uno de nosotros. En palabras de Mohandas Karamchand (Mahatma) Gandhi, tenemos que *«ser el cambio que queremos ver en el* mundo». Para ello, hay que empezar por revisar y renovar nuestra manera de pensar sobre la humanidad y nuestras interacciones humanas.

Si bien el interés propio puede ser bueno para la economía (uno de los principios clave de Adam Smith), puede que no lo sea para la humanidad. Smith también creía que los seres humanos están motivados tanto por deseos benevolentes como por intereses propios. Desgraciadamente, sabía (como estamos viendo ahora en todo el mundo) que el interés propio es el más fuerte de los dos y el mejor guía del comportamiento humano. Pero no tiene por qué ser así, como postuló Rousseau.

Hemos permitido que esta reverencia por la priorización del propio interés haya ido demasiado lejos. El comportamiento humano, moldeado por la sociedad y el comercialismo extremo, está impulsado más por el deseo propio y el egocentrismo que por la preocupación benévola por la humanidad. Esta adoración del interés propio se ha llevado a un extremo que ya no es saludable ni para la economía global ni para la humanidad.

La distribución de la riqueza mundial actual es muy desigual, con una parte significativa concentrada en manos de un pequeño porcentaje de la población. En 2024, el 10% de las personas más ricas del mundo poseía alrededor del 76% de la riqueza mundial, mientras que el 5% más rico tenía una participación ligeramente inferior, pero aun así considerable.

Concretamente, las personas con un patrimonio superior a un millón de dólares, que constituyen solo el 1,1% de la población mundial, controlan alrededor del 45,8% de la riqueza mundial.

En términos de riqueza corporativa, la concentración también es pronunciada, ya que el 10 % de las empresas más importantes controlan una gran parte de la riqueza corporativa. Las empresas más grandes dominan una parte significativa de los activos corporativos mundiales, entre ellas gigantes tecnológicos como Apple, Microsoft, Amazon, Alphabet (Google) y Meta (Facebook e Instagram), así como instituciones financieras como JPMorgan Chase y Bank of América.

Quizás aún más aterrador es que nuestro sistema alimentario mundial se ha concentrado aún más en los últimos años, en parte debido al aumento de las fusiones y adquisiciones. Un informe del Grupo ETC muestra que solo cuatro empresas controlan el 44% del mercado mundial de maquinaria agrícola, dos el 40% del mercado mundial de semillas y cuatro el 62% del mercado mundial de agroquímicos. En el Reino Unido, cuatro empresas (Tesco, Sainsbury's, Asda y Morrisons) controlan aproximadamente el 64% del mercado minorista de alimentos.

El filósofo francés Edgar Morin señaló que, si bien el progreso puede generar riqueza, también parece provocar una ruptura de la responsabilidad individual y colectiva, así como de la conciencia global. El progreso económico es magnífico, pero lamentablemente también genera una gran desigualdad e injusticia entre los seres humanos. Estas desigualdades parecen aumentar a un ritmo más rápido año tras año.

En su libro *El contrato social*, Rousseau argumentaba que el contrato entre los ciudadanos y el Estado puede romperse en cualquier momento, a voluntad del pueblo. Curiosamente, las afirmaciones de Rousseau de que es injusto que unos pocos ricos gobiernen a los pobres, que carecen de voz y poder, fueron factores clave que contribuyeron a la Revolución Francesa de 1789, que comenzó 11 años después de su muerte. Esa revolución puso fin a la monarquía francesa y provocó la decapitación del rey Luis XVI y de su famosa esposa, María Antonieta.

Hoy en día, los pobres de clase media no carecen de voz ni de poder. Simplemente no han encontrado su voz colectiva ni han ejercido el potencial de su poder político combinado. Todavía.

¿Por qué? En Estados Unidos, están divididos por otras cuestiones, como la brutalidad policial, la violencia armada, la diversidad, la equidad y la inclusión (DEI), la desigualdad de género y racial, y la inmigración. Además, el nivel económico es lo suficientemente alto como para evitar que se hundan en la pobreza, el hambre y la deuda. El polvorín está preparado, pero aún no se ha encendido la mecha. Hay suficiente «interés común» para mantener la pólvora seca. Pero, ¿por cuánto tiempo?

Las condiciones y tendencias actuales me recuerdan el dicho de los indios americanos: *«Cuando se talen los últimos árboles, se coman los últimos peces y se envenenen los últimos arroyos, te darás cuenta de que no se puede comer dinero».*

Además, a medida que las creencias religiosas declinan en todo el mundo, necesitamos un nuevo liderazgo intelectual y soluciones para reducir el descontento y la división a nivel global. Debemos tomar los aspectos positivos del pensamiento religioso (y descartar los aspectos negativos de la división religiosa, el dogmatismo, la jerarquía, la burocracia y la codicia) e incorporarlos a nuestras relaciones humanas y otras actividades sociales.

Esta es la idea central: tener una mentalidad Humony.

Definición de Humony

Humony es una palabra que he creado a partir de «humano», «humanidad» y «armonía». La defino como la práctica de tratar a todos los seres humanos con paz, compasión, amabilidad y respeto.

Cuando creé este concepto por primera vez, lo apliqué únicamente al liderazgo organizacional para enfatizar el liderazgo de las personas (seres humanos) y la necesidad de que los líderes crearan lugares de trabajo de bienestar y armonía. Mi libro *Humony Leadership: Mindsets, Behaviors, and Skills for Being a Successful People-Centric Leader* (Liderazgo Humony: mentalidades, comportamientos y habilidades *para ser un líder exitoso centrado en las personas*) definió y detalló esta práctica. Al otorgarle al libro una medalla de oro, la Asociación de Autores de No Ficción calificó a

«Humony Leadership» como *«una obra significativa con una misión importante»*.

Las críticas positivas como esta me animaron a ampliar el alcance de mi pensamiento más allá del papel de liderazgo de las personas.

Al combinar estas tres palabras (humano, humanidad y armonía), Humony refleja nuestra necesidad de construir y vivir vidas de conexión, bienestar y armonía. Humony significa abordar la vida con el deseo de mejorar nuestro viaje a través de ella, tanto para nosotros mismos como para los demás.

Una mentalidad Humony ayuda a garantizar que todas nuestras interacciones personales y acciones individuales se basen en la amabilidad, la compasión, la paz y el respeto. Y aceptando a todos los demás tal y como son realmente.

Humony es un enfoque holístico del bienestar físico, mental y emocional que permite a las personas construir y mantener una vida de armonía y bienestar según sus propias elecciones.

La premisa de una mentalidad Humony es sencilla:

> *Abordar todas las decisiones de la vida y todas las interacciones con los demás desde la compasión, la amabilidad, la paz y el respeto es la mejor expresión de nuestra capacidad para crear un mundo mejor que nuestros hijos y nietos puedan heredar.*

¿Cómo cambiamos el mundo? Con un acto de amabilidad, un acto de compasión cada vez. Y con cada acto de respeto hacia los demás.

Cada uno de nosotros tiene la capacidad de crear un mundo mejor para que lo hereden nuestros hijos y nietos. La voluntad de utilizar esta capacidad está ligada a nuestra mentalidad respectiva. Ejercer nuestra capacidad nos lleva a la satisfacción personal y a la autorrealización (y a tener menos remordimientos al morir).

La bondad es gratuita. También lo es la compasión. Y la paz. Y el respeto. Así que transmitámoslos. Todos los días. O muchas veces al día.

El mundo necesita más armonía.

El mundo necesita más bondad y comprensión.

El mundo necesita menos divisiones, ira y separación.

Juntos, podemos restaurar nuestra humanidad, con una interacción a la vez.

Y cambiando nuestra visión del mundo. Dándonos cuenta y pensando que todas las demás personas de este planeta se parecen más a nosotros que se diferencian. Pensando que el viaje vital de cada persona merece respeto. Pero esto requiere cambios de mentalidad tanto individuales como colectivos.

Dentro de este mundo mágico de Humony hay cuatro ingredientes potentes: paz, amabilidad, compasión y respeto.

Están unidos por compuestos llamados aceptación y armonía.

Ahora bien, la aceptación no equivale al acuerdo. Se puede aceptar a los demás sin estar de acuerdo con ellos o con sus elecciones.

Este viaje de la vida es uno de humanidad compartida, no de humanidad divisiva. Habiendo vivido fuera de los Estados Unidos durante más de 35 años (la mayor parte de mi vida adulta), he visto que tenemos más cosas en común entre nosotros, sin importar de qué parte del mundo seamos, y que también tenemos diferencias.

Esto es algo que cada uno de nosotros puede experimentar en el ámbito de la interacción interpersonal. Cada uno de nosotros lo experimenta docenas de veces al día. Cientos de veces a la semana.

En el siglo XVIII, William Wordsworth escribió: *«La mejor parte de la vida de un buen hombre son sus pequeños actos de bondad y amor, anónimos y olvidados»*. Las palabras del Sr. Wordsworth se actualizan y se parafrasean en el Credo de Humony Mindset que figura a continuación.

La mentalidad Humony traslada el pensamiento de Wordsworth al siglo XXI. Interactuar con los demás desde la bondad, la compasión, la paz y el respeto es el pequeño acto anónimo y olvidado que cada uno de nosotros puede realizar.

Necesitamos más ejemplos positivos en la sociedad y en nuestros lugares de trabajo. Aquellos con una mentalidad Humony serán los ejemplos.

Debemos querer vivir en una sociedad mejor. Debemos querer hacer del mundo un lugar mejor para que lo hereden nuestros hijos y nietos. ¿Es eso pedir demasiado unos a otros?

Para crear un mundo mejor que nuestros hijos y nietos puedan heredar, debemos convertirnos en mejores personas.

En mejores seres humanos. En seres humanos que irradien amabilidad, compasión y paz entre nosotros. En seres humanos que muestren respeto y aceptación hacia los demás. En seres humanos que aporten armonía a nuestras propias vidas, comunidades, escuelas, parques infantiles y lugares de trabajo.

Lo que nos lleva al Credo de la Mentalidad Humony:

La mejor parte de la vida de un buen ser humano
son sus pequeños actos de bondad, compasión y
respeto, anónimos y olvidados.

O, para personalizarlo para ti:

La mejor parte de TU vida
serán TUS pequeños actos de bondad, compasión
y respeto, anónimos y olvidados.

Parafraseando a mi filósofo favorito (Yoda), *que la Fuerza de la Humanidad te acompañe.*

Un libro, un bolígrafo, un niño,
y un maestro pueden cambiar el mundo.
Malala Yousafzai

CAPÍTULO 3

Vivir una vida Humony

Estamos aquí para despertar
de la ilusión de la separación.
Thich Nhat Hanh

TVivir una vida Humony es centrarse en una vida interior dedicada e impulsada por un viaje de autodescubrimiento y autodesarrollo. Sin embargo, no lo haces por razones personales y egoístas, sino para promover el progreso de la humanidad y el universo infinito.

Oculto y escondido dentro de cada uno de nosotros se encuentra el núcleo de un yo más grande y avanzado, uno que puede realizarse y formarse aprovechando una mentalidad Humony. Esta mentalidad te llevará a niveles más altos de felicidad auténtica, conexión con la humanidad y la inmensa satisfacción personal de ser un verdadero agente de cambio en este planeta.

Esto te permitirá ir más allá del enfoque típico actual en el éxito profesional y financiero para vivir una vida más completa, auténtica y satisfactoria. En todo el mundo, existe una necesidad creciente de que las personas hagan la transición del enfoque actual de «vivir para trabajar» a vivir una vida basada en la comprensión de que:

- Eres quién eres y puedes crear quién eres (y esto tiene poco que ver con lo que haces profesionalmente).
- Es importante centrarse en comprenderse a uno mismo, buscar la realización personal en el interior y conectar con la humanidad a nivel personal, en lugar de solo a nivel profesional.
- Es un rasgo natural e intrínseco querer trabajar para desarrollar una versión mejorada de uno mismo.
- La auténtica satisfacción y felicidad provienen de vivir una vida que te hace crecer a ti mismo y a los que te rodean.

Hay cinco aspectos clave para vivir una vida Humony:

- Creer en la interconexión de la humanidad.
- Amor y compasión por los demás seres humanos.
- Actitud de gratitud
- Comprensión y desarrollo de la inteligencia emocional.
- Mentalidad que impulsa el deseo de marcar una diferencia intencionada en uno mismo y en una parte del mundo

Vivir una vida Humony es para aquellos que desean dar un giro radical a su forma de enfocar la vida y encontrar la realización personal. Hacerlo te ayuda a responder a las preguntas fundamentales que te permitirán superar tus límites:

> *¿Qué necesitas aprender para tener una vida plena?*
>
> *¿Qué necesitas en mayor medida para llevar una vida auténtica?*
>
> *¿De qué necesitas menos en tu vida?*
>
> *¿Qué puedes aprender de otras personas que se han comprometido con el viaje de la vida Humony?*
>
> *¿Qué puedes enseñar a otras personas que se han comprometido con el viaje de la vida Humony?*
>
> *¿Cómo puedes asumir la responsabilidad de alcanzar tus sueños en la vida?*
>
> *¿Cuál es tu filosofía personal y cómo afecta positivamente a todos los aspectos de tu vida?*

Una vida Humony es fundamental e inherentemente abundante. Sus recompensas, beneficios y auténtica felicidad se derivan tanto o más del camino como de llegar al destino final. Más que nada, una vida Humony es para aquellos que desean convertirse en su yo verdadero, óptimo y con propósito.

Quienes emprenden este viaje tienen varias características en común que crean eficazmente su personalidad Humony:

- Valoran el potencial en sí mismos y en los demás.
- Irradian esperanza y optimismo, incluso en momentos y circunstancias difíciles.
- Están dispuestos a dar de sí mismos compartiendo sabiduría, recursos, redes,

contactos, ideas y, lo más importante de todo, esperanza y optimismo.

- Tienen un profundo conocimiento, percepción y comprensión de sí mismos, combinados con confianza en sus pensamientos y acciones.
- Poca o ninguna necesidad de buscar la aprobación o la validación de los demás.
- Amor por la vida, una vida de amor y amor por la vida.
- Sentido de la urgencia sin ejercer una presión o un estrés indebidos sobre sí mismos o sobre los demás.
- Creer que el aprendizaje permanente es una parte integral de quienes son.
- Disposición a dar a los demás el beneficio de la duda, reconociendo que todos están haciendo lo mejor que pueden en sus viajes conscientes con los recursos de los que disponen.
- Comprensión plena de que son un trabajo en progreso, basada en la constatación de que están desarrollando una vida Humony al considerar su desarrollo y crecimiento personal como un proyecto holístico.
- Deseo vivir y desarrollar todos los aspectos de la vida con vitalidad y en sintonía con mis necesidades humanas y espirituales.

Al embarcarse en su propio viaje personal hacia una vida Humony, puede ser útil comenzar por aceptar estas citas de tres personas y creencias filosóficas muy diferentes:

> *Abre los ojos a las opciones, pero no renuncies a tus valores.* ~ El Dalai Lama

> *Sé tú mismo, todos los demás ya están escogidos.* ~ Oscar Wilde
>
> *Tu tiempo es limitado, así que no lo desperdicies viviendo la vida de otra persona. Vive tu propia vida.* ~ Steve Jobs

Después de todo, como escribió Henry James, *«Ahora es el momento de empezar a vivir la vida que soñaste»*. Esto comienza por comprender la interconexión de la humanidad y sentir compasión y amor por tus semejantes y por toda la humanidad.

Interconexión de la humanidad

Como seres espirituales que ocupamos temporalmente el cuerpo humano, estamos conectados con toda la humanidad. Por desgracia, muchos de nosotros no lo vemos ni lo entendemos.

¿Cómo estamos conectados? Los seres humanos somos genéticamente similares al 99,9 %. Algunos genetistas creen que todas las personas de la Tierra son, como mínimo, primas entre sí a 50.º grado. Además, hay un 99,9999 % de probabilidad de que cualquier persona sea, como mínimo, la 16.ª persona.

En un descubrimiento notable en la primera mitad de 2024, los investigadores determinaron que todos los seres humanos proceden de lo que hoy es Sudán. Esto significa que todas las personas que alguna vez han vivido son parientes lejanos entre sí. Y los ocho mil millones de personas del planeta Tierra son miembros de la misma familia inmensa, diversificada y extensa.

El vínculo de interdependencia no puede ser más claro. Quizás por eso la Madre Teresa aconsejó: *«No dejes que nadie se acerque a ti sin salir mejor y más feliz»*. Las acciones en este ámbito deben ser estrictamente altruistas y desinteresadas, con el objetivo de beneficiar y ayudar a quienes puedas.

Como aconsejó Lao-Tzu a los primeros seguidores del Tao en la antigua China:

> *Algunos ayudan a otros para recibir bendiciones y admiración. Esto simplemente no tiene sentido.*
>
> *Algunos se cultivan a sí mismos en parte para servir a los demás, en parte para servir a su propio orgullo. En el mejor de los casos, comprenderán la mitad de la verdad.*
>
> *Pero a quienes mejoran por el bien del mundo se les revelará toda la verdad del universo.*

Incluso si crees en la ilusión de la separación de cualquier parte de la raza humana, la Unidad es lo que eres y siempre serás. Como escribió Thich Nhat Hanh: *«Estamos aquí para despertar de la ilusión de la separación»*.

Las tribus nativas americanas, como los navajos y los hopis, atribuyen un significado especial a los arcoíris que aparecen alrededor del sol, fenómeno conocido como parhelio. Se dice que cada color del arco iris representa a diferentes personas del mundo. Cuando los arcoíris se unen alrededor del sol, esto indica la unificación de diferentes naciones y es una señal de la armonía inminente en la Tierra. Señala tanto un tiempo de cambio como un tiempo de unidad, así como el comienzo de un nuevo período de paz para todas las criaturas y personas del planeta.

En el siglo XVIII, John Quincy Adams escribió: *«La influencia de cada ser humano sobre los demás en esta vida es una forma de inmortalidad»*. En tiempos más recientes, el actor de Hollywood Will Smith dijo: *«Si no estás mejorando la vida de otra persona, entonces estás perdiendo el tiempo. Tu vida mejorará al mejorar la vida de los demás»*.

Según el Dr. Martin Luther King Jr., «*la pregunta más urgente de la vida*» es: *«¿Qué estás haciendo por los demás?»*.

Llevando este pensamiento un paso más allá, ¿cómo cambiaría tu forma de actuar si creyeras que todos estamos interconectados, ahora y para siempre?

¿No reconsiderarías tus acciones hacia los demás? ¿No reevaluarías tu forma de interactuar con los demás? Sin duda, lo harías.

¿No sería el mundo un lugar mucho mejor si todos creyéramos que estamos interconectados, ahora y por toda la eternidad? Para empezar, probablemente habría muchos menos conflictos interpersonales, dramas y odio en el mundo.

¿Hasta qué punto están interconectadas nuestras vidas humanas? El escritor motivacional Mike Dooley, al que le gusta enviar mensajes en nombre del Universo, cree que todos estamos completamente conectados:

> *Estás viviendo una vida temporal en un mundo temporal, donde nada te hace menos, todo te hace más, y nadie está realmente «terminado» hasta que todos estén terminados.*

También hay un aspecto de inteligencia universal en nuestras vidas humanas interconectadas. Deepak Chopra lo explica muy bien:

> *En nuestros propios cuerpos, la sabiduría cósmica se revela en la increíble función de nuestras células. En todo momento, cada célula se comunica con todas las demás, realizando cientos de miles de actividades simultáneamente. Nuestras células pueden digerir una comida, destruir células cancerosas, eliminar desechos y crear un bebé, todo al mismo tiempo... y sin que seamos conscientes de ello.*
>
> *El campo ilimitado de la inteligencia está en todas partes, manifestándose en todo. Todos formamos parte de este tapiz entretejido, y el universo vive y respira a través de cada uno de nosotros. Sin embargo, muchas personas viven firmemente arraigadas en la creencia de que son seres separados y aislados en un cosmos aleatorio. En lugar de sentirse incluidas, se sienten solas y se dejan llevar por sus deseos y miedos personales. Están atrapados en las garras del ego, que no sabe que está conectado a una fuente ilimitada de ideas, de abundancia y de amor. El ego lucha constantemente por una sensación de seguridad, ya sea a través de la acumulación de dinero, «poder», estatus, amigos o posesiones.*
>
> *En este momento, la perspectiva basada en el ego domina en gran parte de la humanidad, por lo que vemos tanto dolor como guerra en el mundo. En el instante en que me veo a mí mismo como un individuo aislado, tengo que enfrentarme a los innumerables otros que quieren lo mismo que yo.*

> *La violencia es la consecuencia inevitable de la oposición entre «nosotros» y «ellos». Nunca desaparecen ni se rinden.*

La descripción que hace Chopra de ese campo ilimitado de la inteligencia parece asemejarse a «La Fuerza» de las películas de *Star Wars*. Pero lo más importante es que su descripción de que todos formamos parte de un tapiz entretejido, con el universo viviendo y respirando a través de nosotros, evidencia la importancia de nuestras vidas humanas interconectadas. Si todo el mundo pudiera ver y comprender esto, el mundo estaría en mucho mejor estado y nuestras vidas tendrían más armonía.

El filósofo Emmanuel Levinas planteó un escenario esclarecedor para explicar nuestra conexión innata con los demás y nuestro deseo instintivo de ayudar a los demás:

> Imagina que estás caminando por una calle en una fría tarde de invierno. Ves a una mendiga acurrucada y temblando en un portal. Puede que ni siquiera te pida dinero o ayuda. Pero, de alguna manera, no puedes evitar sentir cierta obligación de responder a las necesidades humanas básicas de esta desconocida.
>
> Puede que decidas ignorarla. Pero, aunque lo hagas, algo ya te ha quedado claro: el hecho de que se trata de una persona que necesita tu ayuda.

Nuestra inclinación natural, como seres humanos, es ayudar a los demás. Es difícil dar la espalda a alguien que lucha por sobrevivir mientras se ve privado de las necesidades humanas básicas: comida, refugio y ropa. Podemos dar la espalda, pero no podemos escapar de la sensación de responsabilidad ni del deseo de ayudar (hasta que la sociedad y nuestra mentalidad prejuiciosa nos condicionan a creer que «no es nuestro problema» o «no podemos ayudar y arreglar a todo el mundo»).

Nada en nuestras vidas perturba tanto nuestra conciencia y nuestro egocentrismo como el encuentro con un ser humano que lucha por sobrevivir y que, con solo entrar en nuestro mundo, tal vez durante menos de un minuto, nos llama y nos pide que nos hagamos responsables. Al reconocer las necesidades de los demás, debemos ofrecernos justificaciones por nuestra falta de acción.

Con una manera de pensar Humony, te darás cuenta de que incluso una sonrisa o una señal de reconocimiento empático puede beneficiarles. Esto puede transmitirles que no están solos en este mundo de ocho mil millones de personas. Sí, ninguno de nosotros puede corregir todos los males del mundo (ni siquiera todos los que se encuentran en nuestros pequeños rincones del mundo). Pero podemos tratar a los menos afortunados con respeto y amabilidad, en lugar de con repugnancia y desdén.

Quizás el único derecho universal que todos tenemos es esperar un comportamiento humano por parte de los demás. Por supuesto, esto comienza con cada uno de nosotros y con la forma en que mostramos amor, paz, compasión, amabilidad y respeto hacia los demás seres humanos.

Amor y compasión por nuestros semejantes

En la década de 1970, estábamos enfadados con el gobierno y las instituciones militares. Más tarde, nos enfadamos con las injusticias que veíamos en los sistemas financieros mundiales. Ahora, simplemente estamos enfadados unos con otros.

Quizás la experiencia humana más elevada sea aquella que produce un amor espiritual o universal por toda la humanidad. No se trata de amor romántico, sino de algo de otro nivel que encarna todas las relaciones humanas. Abarca el reconocimiento de la pertenencia a todos los demás seres humanos (actuales, pasados y futuros) y el deseo de una mayor conexión con ellos.

La esperanza y el deseo de un mundo mejor, lleno de una experiencia humana y un viaje más significativos para todos, se encuentran en la raíz de este amor espiritual. Una vez establecida esta conexión interna con la humanidad en general, resulta obvio que solo el crecimiento y el avance personal de cada individuo permitirán que este amor universal crezca y florezca para las generaciones futuras.

Una vez que veas la experiencia humana como un regalo maravilloso, comprenderás mejor la autenticidad de tus sentimientos de afinidad hacia toda la humanidad. Además, serás más propenso a expresar tus bendiciones, incluso cuando te encuentres con problemas y dificultades.

Una gran parte del amor es dar. Cuanto más se da, más amor se crea y se recibe.

Comienza por hacer cosas por los demás. Por la humanidad. De forma anónima. Realizando pequeños actos de bondad, compasión y respeto, sin nombre ni recuerdo.

Lo que a menudo falta en la sociedad actual es dar, hacer cosas por los demás, las pequeñas sorpresas para los demás, e incluso las cosas rutinarias, como mantener las puertas abiertas, dar las gracias (con sinceridad) y dejar pasar delante de ti y de tu carrito de la compra medio lleno a alguien que solo lleva unos pocos artículos.

El segundo paso es ir más allá de estos pequeños actos y encontrar un propósito más grande que uno mismo. Convertirse en un «creador de diferencia». En cualquier ámbito, grande o pequeño. Hacer voluntariado en algún sitio y aportar tu tiempo y tus habilidades. Dar dinero está bien, pero eso solo ayuda a otros a convertirse en creadores de diferencia. La gente necesita tu tiempo, tu empatía, tu compasión, tu tranquilidad y tu amabilidad. Dale generosamente.

Todo lo que tienes que amar es que son seres humanos como tú. Ni siquiera tienes que gustarte para amar este hecho sobre ellos. Lo que también significa que debes respetarlos como seres humanos.

Hay un concepto en la crianza de los hijos según el cual nunca debemos decirles a los niños que son «chicos malos» o «chicas malas». Los niños no son malos y no deben ser etiquetados como tales. Puede que hayan hecho algo malo, incluso terrible, pero eso no los convierte en niños malos. La teoría dice que decirles que son chicos malos o chicas malas tiene un impacto psicológico negativo en su bienestar mental, tanto a corto como a largo plazo.

Lo mismo ocurre con los adultos que están sucios, sin hogar o que actúan fuera de las normas sociales. Estas cosas no los hacen desagradables ni siquiera despreciables. Siguen siendo dignos de nuestro amor y respeto como seres humanos. Y depende de cada uno de nosotros determinar cómo les mostramos compasión, amabilidad y respeto.

Sin embargo, eres humano. No es fácil respetar a alguien cuyo estilo de vida y elecciones vitales difieren mucho de lo que consideras aceptable y adecuado. No es necesario que apruebes sus elecciones ni su comportamiento. Sin embargo, respetarlos requiere un cambio de mentalidad significativo. Tener una manera de pensar Humony te permitirá responderles con tranquilidad, compasión, amabilidad y respeto, en lugar de reaccionar con disgusto, ira, rudeza y hostilidad.

Esto es lo que quiero decir con un cambio significativo de mentalidad. La mayoría de nosotros menospreciamos a las personas sin hogar. Nuestra mentalidad y nuestros prejuicios nos llevan a pensar y creer que es culpa suya que no tengan hogar. Que son perezosos, que carecen de motivación o que no están dispuestos a trabajar duro. Por eso, nos referimos a quienes mendigan en los cruces de tráfico como «perdedores del carril izquierdo».

¿Les mostramos compasión? Rara vez, por no decir nunca.

¿Les mostramos amabilidad? Lo dudo. Es más probable que apartemos la mirada y evitemos el contacto visual.

¿Los respetamos? Difícilmente.

Aquí tienes un cambio de mentalidad.

Imagina la fortaleza y el coraje que se necesitan para ser una persona sin hogar. Vivir en la calle, luchando día a día. Buscando comida, refugio, comodidad y seguridad.

¿Podrías hacerlo? Yo, desde luego que no. De hecho, estoy seguro de que si la vida me dejara sin un centavo, sin trabajo en la calle y sin el apoyo de mi familia, elegiría la salida fácil con un puñado de pastillas para dormir y una botella de ron venezolano.

Por lo tanto, ver a una persona sin hogar como alguien fuerte en lo interior supone un cambio de mentalidad. Verlos no como perdedores, sino como seres humanos resilientes y fuertes que hacen todo lo posible por afrontar o superar sus dificultades. Al igual que tú y yo hemos superado nuestras diferentes —y, sin duda, más cómodas— dificultades.

> *Sonreír no requiere más esfuerzo que fruncir el ceño. Ofrecer una palabra amable o alentadora no lleva más tiempo que criticar. Podemos ser amorosos con la misma facilidad con que podemos ser crueles o indiferentes.* ~ Adam J. Jackson, *Los diez secretos del amor abundante*

Como dice el texto judío: «Quien salva una vida, es como si hubiera salvado al mundo entero».

Cuando llegues al final de tu vida, lo que más significado tendrá será la compasión y el amor que hayas dado a los demás y hasta qué punto se haya expandido tu alma durante tu viaje consciente.

Con amor y respeto, puedes derribar los muros de sospecha, odio y falta de respeto que se han construido a tu alrededor y te separan de partes importantes de la humanidad. Reemplaza estos muros por un puente que permita que el amor entre en tu corazón y en tu alma, y te conecte con otros seres humanos.

En nuestras relaciones personales, el amor recibido conlleva el poder de herir a la persona amada, lo que impone el solemne deber de no hacerlo. Esta obligación de NO HACERLO debe aplicarse universalmente a toda la humanidad. A todas las personas con las que te encuentras y con las que interactúas. A todas las personas de tu vida, por muy decepcionantes que sean sus acciones o comportamientos. Ellas necesitan tu compasión y tu amabilidad más que la mayoría. Nuestro deber y nuestra obligación son no aumentar su dolor o su sufrimiento.

Compasión. Comprensión. No juzgar. Esto es lo que se necesita para tener amor y compasión hacia nuestros semejantes.

Esto también implica estar de acuerdo con dejar que las personas sean ellas mismas. Debemos permitir que los demás sean libres y tomen sus propias decisiones. Libres para vivir sus vidas como quieran, no como nosotros preferiríamos que lo hicieran. Debemos respetar sus deseos y determinaciones sobre lo que quieren, necesitan y anhelan.

Sé amoroso dejando que las personas sean ellas mismas, sean su verdadero yo. No les hagas ser falsos para complacerte o para que dejes de juzgarlos. ¿Quién eres tú para juzgar? ¿Quién eres tú para intentar cambiarlos?

Además, no dejes que las diferencias de creencias y opiniones hagan que las relaciones se descarrilen. ¿Realmente importa lo que cree la otra persona? Rara vez vale la pena dañar una relación tratando de demostrar que las creencias, la política, las opiniones o los puntos de vista de alguien son erróneos.

La gente suele escribir y hablar del amor verdadero como de dos almas que pasarán la eternidad juntas. Si eso fuera cierto, esas dos almas no estarían flotando solas en aislamiento. ¡Todas las demás almas también estarían allí! Esto significa, por supuesto, que ninguno de nosotros escapará en la otra vida de las almas de las personas a las que hemos hecho daño en esta vida. ¡Otra buena razón para ser compasivos, amables y respetuosos en esta vida!

Actitud de gratitud

La gratitud puede mejorar cualquier situación. Puede convertir una situación mala en buena y una buena en excelente, pero solo si la comprendes y comprendes su poder. Uno de los mayores errores que puedes cometer es subestimar el poder de una actitud de gratitud.

A lo largo de los siglos, filósofos, pensadores, gurús, sabios y líderes de todas las tradiciones espirituales y religiosas han enseñado que cultivar la gratitud es clave para experimentar niveles más profundos de plenitud, bienestar y felicidad a nivel individual.

La gratitud también se ha considerado durante mucho tiempo necesaria para crear una sociedad más sólida, amistosa y cooperativa a nivel tribal o colectivo.

Algunos pensadores han situado la gratitud en lo más alto de su lista de actitudes, entre ellos estos dos:

> *La gratitud no solo es la mayor de las virtudes, sino también la madre de todas las demás.* ~ Marco Cicerón

> *De todas las actitudes que podemos adquirir, sin duda la de gratitud es la más importante y, con diferencia, la que más cambia la vida.* ~ Zig Ziglar

Sea o no la primera, la gratitud, sin duda, liberará tu carácter y creará más plenitud y satisfacción en tu vida.

La gratitud es la aceptación y el aprecio por lo que tenemos y por quienes nos rodean. La gratitud es una herramienta poderosa que nos enseña a dejar ir y apreciar lo que nos rodea.

La gratitud, incluso por los retos, es uno de los antídotos más potentes contra los venenos de la pena, el dolor, la desesperación, la ansiedad, la tristeza, el desamor y la soledad. La mayoría de las personas solo expresan gratitud cuando les suceden cosas positivas en la vida. La simple verdad es que el mejor momento para practicar y expresar gratitud es cuando las cosas no van tan bien.

Por supuesto, el simple hecho de expresar gratitud (en voz alta o en silencio) no curará tus heridas, ni consolará tu corazón, ni solucionará tus problemas, ni deshará tus errores. Mostrar gratitud no hará que la gente te respete, te quiera o te ame de repente. Pero te ayudará a lidiar con las personas, los acontecimientos, las situaciones y los problemas que afectan tu bienestar mental, emocional e incluso físico.

La gratitud, desde el enfoque de Humony Mindset, se da en dos niveles: a) la visión macro de estar agradecido por la oportunidad de vivir, y b) la micro, las relaciones e interacciones cotidianas con las personas.

La gratitud no es simplemente estar agradecido o sentirse bendecido por los acontecimientos positivos de tu vida y por la gama de emociones felices y satisfactorias que sientes. Se trata más bien de estar verdaderamente agradecido y apreciar la oportunidad de experimentar este mundo como un ser sensible que vive, respira, piensa y siente.

Es interesante observar que las personas más satisfechas y felices aceptan plenamente sus experiencias, tanto buenas como malas. Estas personas saben y comprenden que los obstáculos, los problemas e incluso los acontecimientos terribles que experimentan son aspectos cruciales de su viaje.

Como seres espirituales alojados temporalmente en forma humana, nuestro propósito en esta vida es experimentar lo necesario para que nuestro espíritu, el espíritu de los demás y, de hecho, el universo crezcan y se expandan. En diferentes momentos de nuestros respectivos viajes por la vida, estas necesidades espirituales se experimentarán y se satisfarán (pero no siempre de la manera en que nuestro yo mental y emocional desea o incluso comprende).

Es importante reconocer que las experiencias de la vida son para el crecimiento espiritual, no solo para el crecimiento humano, mental y emocional. Cuando se comprende plenamente este concepto, es mucho más fácil estar agradecido por todo lo que la vida te depara, en lugar de solo por las cosas, los acontecimientos y las personas que tu aspecto humano considera buenos.

A nivel macro, cuanto más sinceramente y profundamente agradecido estés por a) estar vivo y b) por las experiencias que tienes en cada momento concreto de tu camino, más satisfecho y en paz estarás cuando llegue el momento de dejar este mundo.

Aquí tienes un ejercicio que deberías hacer al menos dos veces al año: coge una hoja de papel y haz una lista de todas las cosas por las que estás agradecido. Deben ser cosas, personas, acontecimientos, emociones, sentimientos y pensamientos por los que hoy te sientes verdadcramente agradecido.

Si escribes algo en tiempo pasado, cámbialo al tiempo presente. Por ejemplo, en lugar de estar agradecido por las estupendas vacaciones familiares que tuviste el año pasado, escribe que estás agradecido por los maravillosos recuerdos que tienes de esas vacaciones y por los lazos más profundos y el amor entre los miembros de la familia, que hoy en día abundan como resultado de haberlas pasado juntos.

Del mismo modo, en lugar de escribir que estás agradecido por los excelentes consejos de tus mentores y profesores a lo largo de los años, escribe que estás agradecido por las oportunidades que tienes hoy para poner en práctica sus consejos y lecciones.

La gratitud debe ser una condición y un estado mental presentes. Demasiadas personas expresan su gratitud en el pasado y luego no la llevan consigo en sus experiencias e interacciones actuales. Estar feliz y agradecido por las experiencias pasadas está bien, pero el hecho es que vives en el presente, y las posibilidades de vivir una vida Humony en el futuro no son muy grandes si no empiezas hoy con una abundancia de gratitud.

Tu lista de agradecimientos debe tener al menos diez elementos. Si no puedes encontrar diez cosas a gran escala por las que estar agradecido, vuelve a hacer este ejercicio después de leer y reflexionar sobre el resto del libro.

La gratitud a nivel micro, en las interacciones cotidianas, es igualmente importante para alcanzar la satisfacción y la felicidad a lo largo de tu viaje. Una de las leyes del universo parece ser clara: cuanto más agradecido estés por las personas y las pequeñas cosas de tu vida, más personas y pequeñas cosas aparecerán en tu camino por las que estar agradecido. Así es como algunos oradores motivacionales han definido este concepto a lo largo de los años:

> *No hay mejor oportunidad para recibir más que estar agradecido por lo que ya tienes. El agradecimiento abre las ventanas de la oportunidad para que las ideas fluyan hacia ti.* ~ Jim Rohn
>
> *Cuanto más reconozcas y expreses gratitud por las cosas que tienes, más cosas tendrás por las que expresar gratitud.* ~ Zig Ziglar

> *Sentir gratitud o aprecio por alguien o algo en tu vida atrae más cosas que aprecias y valoras a tu vida.* ~ Christiane Northrup

Al igual que la capacidad de contar un chiste con maestría, ser capaz de expresar gratitud (a un nivel más micro) se ha convertido en una habilidad perdida. Muy pocas personas se detienen a dar las gracias, ya sea de forma formal o informal. La gente envía rápidamente un correo electrónico para expresar una queja, pero pocos se toman el tiempo de ser corteses con una simple nota de agradecimiento. Hacerlo es un gesto sencillo de amabilidad que probablemente se recordará durante mucho tiempo.

Quizás debido a que las expresiones de gratitud personal son tan poco frecuentes, especialmente las formales por escrito, los destinatarios las aprecian aún más. En realidad, cuesta muy poco esfuerzo dar las gracias sinceramente a todos los que hacen algo por ti. Probablemente sea uno de los hábitos más fáciles de adquirir, pero, de alguna manera, dejamos pasar las oportunidades. En su lugar, ofrecemos expresiones de «gracias» poco sinceras y sin sentimiento, en vez de un «GRACIAS» firme y sincero.

Como escribió William Arthur Ward, autor de *Fountains of Faith* y uno de los escritores de máximas inspiradoras más citados: *«Sentir gratitud y no expresarla es como envolver un regalo y no entregarlo»*.

La frase «tener una actitud de gratitud» se ha convertido prácticamente en un tópico. Pero hasta que aparezca una frase mejor, sin duda merece la pena seguirla.

George Horace Lorimer, editor jefe de *The Saturday Evening Post* durante más de 35 años, tenía una gran filosofía sobre la gratitud: «*Es bueno tener dinero y las cosas que el dinero puede comprar, pero también es bueno comprobar de vez en cuando que no has perdido las cosas que el dinero no puede comprar*».

Hoy en día, muchas personas, especialmente las que siguen el pensamiento New Age sobre el desarrollo espiritual y personal, abogan por que cada uno de nosotros realice un ritual diario de identificación de la gratitud preguntándonos:

> ¿Qué o quién me ha inspirado hoy?
>
> ¿Qué o quién me ha hecho feliz hoy?
>
> ¿Qué o quién me ha proporcionado consuelo, paz o amor hoy, y cómo lo ha hecho?

Estar agradecido y dar las gracias por los actos de bondad, tanto grandes como pequeños, que recibes cada día es una forma gratificante y menos estresante de recorrer tu camino. Expresar tu sincera gratitud a quienes te han dado algo y te han ayudado a aliviar tu viaje cada día será apreciado por los demás y, al mismo tiempo, aumentará tu cuenta kármica.

El poder de la gratitud

Las investigaciones del renombrado psicólogo Robert Emmons demuestran que el hábito de centrarnos en lo bueno nos ayuda a no caer en la autocompasión ni en la miseria. Dedicar unos momentos cada día a recordar todas las cosas buenas de nuestra vida nos da paz mental. Podemos estar más tranquilos ante la adversidad porque reconocemos que nuestras vidas son mucho más que uno o dos aspectos negativos.

Podemos estar agradecidos incluso en circunstancias adversas. En muchos casos, un problema puede ser una bendición disfrazada. El final de algo que creías bueno puede ser el comienzo de algo aún mejor.

La gratitud es estar agradecido y dispuesto a mostrar aprecio y devolver la amabilidad. Es una manera de pensar que puede transformar nuestras vidas. Los estudios han demostrado que practicar la gratitud con regularidad puede mejorar nuestro estado de ánimo, mejorar la salud física y aumentar la felicidad en general. La gratitud nos ayuda a centrarnos en los aspectos positivos de nuestras vidas y puede fomentar la resiliencia en tiempos difíciles. También ayuda a crear un fuerte sentido de comunidad y pertenencia.

Según un artículo publicado en *Mindful* (17 de febrero de 2022), «un *número cada vez mayor de pruebas en el campo de las ciencias sociales ha demostrado que la gratitud tiene beneficios cuantificables en casi todos los ámbitos de nuestras vidas*». Esto incluye mejorar el bienestar individual, la salud mental, la autoestima, la inmunidad y la salud física. El Greater Good Science Center de la Universidad de California, Berkeley, líder en la investigación sobre la ciencia del bienestar social y emocional, denomina a la gratitud el «pegamento social» para construir y fomentar relaciones más sólidas.

Cuando practicamos la gratitud, nos resulta más fácil lidiar con el estrés y la adversidad. Somos más propensos a hacer cambios para mejorar nuestras vidas sin centrarnos en lo que está mal o en lo que nos falta. La gratitud también nos permite apreciar la belleza de la vida y cultivar relaciones significativas con quienes nos rodean.

Expresar gratitud también desempeña un papel importante en el fortalecimiento de las conexiones interpersonales. Mostrar aprecio por los demás puede aumentar los sentimientos de confianza e intimidad en las relaciones. Un estudio publicado en la *revista Journal of Personality and Social Psychology* demostró que expresar gratitud puede conducir a sentimientos más positivos y conexiones sociales más profundas. Al expresar gratitud, reconocemos las contribuciones de los demás y fortalecemos nuestros lazos.

Un momento de gratitud puede cambiar por completo un día, convirtiendo lo ordinario en lo extraordinario.

La gratitud como herramienta para el crecimiento personal

La gratitud es una herramienta poderosa para el crecimiento personal, ya que fomenta un cambio de perspectiva de la escasez a la abundancia. Cuando reconocemos lo que ya tenemos, invitamos a más positividad a nuestras vidas. Este cambio de enfoque fomenta la autocompasión y el perdón, reduciendo el estrés y la ansiedad que a menudo acompañan al esfuerzo por conseguir más.

Adoptar una actitud de gratitud nos proporciona una mayor comprensión de nuestras vidas y nos anima a valorar y apreciar nuestro viaje personal. Al reconocer lo bueno que nos rodea, cultivamos una conciencia de nosotros mismos y desarrollamos una comprensión más profunda. Esto conduce a un mayor crecimiento de la autoaceptación y, en última instancia, al crecimiento personal.

Además, la gratitud abre la puerta a la humildad. Reconocer a las personas y experiencias que han contribuido a nuestros logros y a nuestra felicidad nos anima a seguir siendo humildes a pesar de nuestros éxitos. La humildad promueve un mayor crecimiento, ya que permite aceptar las críticas y facilita el aprendizaje continuo.

La gratitud es una emoción poderosa que puede transformar nuestras vidas y nuestras relaciones. Fomenta una mentalidad positiva, fortalece las conexiones interpersonales y contribuye al crecimiento personal. Al incorporar la gratitud a nuestras rutinas diarias, podemos experimentar una mayor felicidad, satisfacción y éxito.

Así que, tómate un momento para pensar en todas las cosas por las que estás agradecido y expresa tu aprecio a quienes te rodean: ¡te sorprenderán los efectos positivos que tendrá en tu vida!

La gratitud no es lo mismo que el agradecimiento

Nuestra vida cotidiana a menudo nos presenta retos difíciles y estresantes. Es fácil entender por qué esos retos y la incertidumbre y los peligros de los que oímos hablar cada día generan sentimientos como el miedo, la ansiedad, la frustración, el aislamiento y la tristeza. Estas son precisamente las razones por las que empezar a practicar la gratitud diariamente puede marcar una gran diferencia en nuestra calidad de vida y en la tranquilidad con que afrontamos cada día.

La gratitud no es lo mismo que el agradecimiento. La gratitud no surge como respuesta a algo que se nos ha dado o a algo que nos hemos ganado. Eso es estar agradecido. La gratitud es una forma de vida mucho más profunda que surge de la conciencia de estar en el momento.

Por ejemplo, piensa en los millones de momentos, personas y circunstancias que se han dado para que estés aquí, ahora mismo, vivo. Detente y reflexiona sobre ello durante un minuto. Echa la vista atrás al último año y recuerda un momento memorable. Si solo un acontecimiento hubiera sido ligeramente diferente, o una persona hubiera tomado una decisión distinta, o una tormenta hubiera tenido una trayectoria distinta, ¿cómo habría cambiado este momento?

Y, por supuesto, puedes remontarte aún más atrás. ¿Y si un antepasado hubiera tomado una decisión diferente? ¿O si hubiera sufrido una enfermedad o una lesión? ¿Y si hubiera muerto antes de tener descendencia, poniendo así fin a la rama de la familia que ahora te incluye a ti?

Es un milagro increíble que seamos quienes somos, estemos donde estamos y hagamos lo que hacemos. La gratitud es el profundo sentimiento que experimentamos cuando reconocemos que las cosas y la vida son realmente increíbles. En respuesta a ello, elegimos afrontar nuestras vidas con apertura de corazón y una presencia que proviene de ese reconocimiento. Una práctica formal de gratitud nos ayuda a cultivar esas cualidades y a prestar atención a las muchas fuentes de alegría y paz que nos rodean, incluso cuando el día es caótico.

Los pasos de la práctica que se indican a continuación son sencillos y pueden realizarse de forma individual o en familia.

Elige un momento cada día para sentarte tranquilamente y escribir tres cosas por las que te sientes agradecido. Cualquier cosa que notes ese día está bien. Solo hay una regla: no puedes repetir nada de los días o semanas anteriores. Si hoy te fijas en los hermosos colores de una flor de verano o en el delicioso crujido de tu manzana favorita, no puedes volver a utilizarlos. Sigue buscando. ¿Cuántos días, semanas o meses puedes mantener esta práctica? Si la utilizas con tu familia, crea un diario de gratitud familiar y déjalo sobre la mesa. ¡Con el tiempo puede convertirse en un preciado recuerdo!

Presta mucha atención a las sensaciones de tu cuerpo cada vez que escribas o reflexiones sobre tu gratitud. ¿Qué notas cuando traes estos momentos a tu mente? Calidez, ligereza, hormigueo, apertura, suavidad, etc.

Después de practicar la gratitud durante unas semanas, ¿qué notas sobre cómo afrontas los retos y las oportunidades de tu vida? ¿Ha afectado tus decisiones? ¿A tus pensamientos? ¿Cómo podría la gratitud cambiar el mundo?

Inteligencia emocional

La inteligencia emocional es la capacidad de comprender y gestionar las propias emociones, así como de reconocer e influir en las emociones de los demás. Las personas con una manera de pensar Humony utilizan sus habilidades de inteligencia emocional para guiar sus comportamientos, mejorar las relaciones interpersonales y comprender los comportamientos y las emociones de los demás.

Es una regla sencilla en lo que respecta a tus emociones: si no las gestionas, ellas te gestionarán. Utilizar las habilidades de inteligencia emocional te pone a ti al mando, no a tus emociones.

La inteligencia emocional facilita la capacidad de mirarse a uno mismo con honestidad, de identificar fortalezas y carencias y de realizar los cambios necesarios para el crecimiento personal y profesional. Nos proporciona herramientas prácticas para conectar mejor con compañeros y clientes y tomar decisiones óptimas bajo presión.

La inteligencia emocional también aumenta la tendencia a hacer preguntas abiertas, a escuchar activamente y a admitir los propios errores. Además, reduce la tendencia a reaccionar de forma impulsiva ante situaciones, personas y acontecimientos.

La inteligencia emocional es una habilidad

Todos somos seres emocionales. Es lo que nos hace humanos. ¿Qué impacto tiene esto en nosotros? O, más concretamente, ¿qué impacto tiene en ti?

Para empezar, la inteligencia emocional no consiste en intentar eliminar o reprimir tus emociones. Se trata de comprender y gestionar la expresión de las emociones, tanto las tuyas como las de los demás. Por otro lado, el modo piloto automático es la antítesis de la inteligencia emocional. Te impide reconocer qué emociones impulsan tus comportamientos y decisiones.

Las personas emocionalmente inteligentes no pierden el tiempo en cosas que no pueden controlar. Más bien, se centran en lo que pueden controlar: su actitud y en cómo utilizan sus energías físicas, mentales y emocionales.

Las personas con un alto nivel de inteligencia emocional tienen una mayor capacidad para generar pensamientos optimistas y dejar de lado los pensamientos negativos. Utilizan la regulación emocional para poner las emociones saludables en primer plano en su pensamiento. Esto les permite dar prioridad a los objetivos a largo plazo frente a las inconveniencias, los obstáculos y las dificultades a corto plazo.

Las ventajas de las habilidades de inteligencia emocional incluyen:

- Mejora de la autogestión emocional.
- Mejora de las habilidades comunicativas
- Comportamientos más adaptables y ágiles
- Mejora de las habilidades de resiliencia
- Mayor optimismo general
- Disminución de la ansiedad y el estrés
- Reducción de los conflictos interpersonales

- Relaciones más sólidas, tanto a nivel profesional como personal
- Mayor bienestar personal y mental
- Logro de objetivos profesionales y personales

Competencias básicas de la inteligencia emocional

La inteligencia emocional es una habilidad esencial y muy valiosa para la vida. Y aquí está la buena noticia. Con una mentalidad de crecimiento, cualquiera puede mejorar sus niveles y conocimientos en inteligencia emocional (EQ).

Los cuatro componentes de la inteligencia emocional son la autogestión, la conciencia de uno mismo, la conciencia social y la gestión de las relaciones. La inteligencia emocional es una habilidad esencial y muy valiosa para la vida.

Existen numerosos libros excelentes sobre la inteligencia emocional y cómo aplicar y practicar esta habilidad. Por ahora, aquí hay una breve descripción general de las competencias específicas asociadas a cada uno de los cuatro componentes de la inteligencia emocional.

Autoconciencia

Reconocer y asumir tus emociones. Estar muy atento a cómo las emociones afectan tus pensamientos, tu mentalidad, tu estado de ánimo, tus comportamientos, tus acciones y tus palabras.

Además, conocerás tus fortalezas y debilidades. ¿Qué emociones te resultan más fáciles de manejar? ¿Cuáles son las que más te llevan a tener arrebatos? Conocer las cosas y las personas que desencadenan tus emociones positivas y negativas.

Comprender qué alimenta tus desencadenantes, como el cansancio, el estrés, la ansiedad, la falta de sueño, los dramas interpersonales o relacionales sin resolver, los choques de personalidad y los problemas personales.

Nombrar claramente tus emociones puede ayudarte a comprender sus raíces. Por ejemplo, la ira puede ser el resultado de sentimientos más profundos, como el dolor, la decepción hacia los demás, el descontento por un resultado o una circunstancia insatisfactoria, los celos o la impotencia. El siguiente paso es controlar la expresión de tus emociones.

Autocontrol

Tener la capacidad de controlar la expresión de los sentimientos y comportamientos impulsivos. Básicamente, no permitir que un secuestro emocional dé lugar a palabras, acciones o comportamientos de los que probablemente te arrepientas o perjudiquen tu relación con otra persona.

Esto no quiere decir que debas reprimir tus emociones. Más bien, lo mejor es controlar la expresión de las emociones. En otras palabras, está bien enfadarse, enfurecerse o molestarse ante una situación. Pero hay una gran diferencia entre permitir que una emoción te impulse a lanzar un objeto al otro lado de la habitación y decirle a alguien: «Estoy muy molesto por lo que acabas de hacer».

Ambas son expresiones de ira. El segundo enfoque es mucho más apropiado y denota una mayor inteligencia emocional y autocontrol en la expresión de las emociones.

Las personas competentes en esta habilidad tienden a mantener la calma bajo presión y el equilibrio emocional, incluso cuando están estresadas. El autocontrol de las emociones conduce a un pensamiento más claro en situaciones estresantes. Bajo estrés, el cerebro vuelve a la toma de decisiones binaria, limitando tus opciones a dos pares diferentes: esto o aquello, A o B, blanco o negro, opción uno u opción dos, etc. Cuando estás en modo de toma de decisiones binaria, el centro de control emocional de tu cerebro (la amígdala) ha tomado el mando. Y las decisiones tienden a ser menos que óptimas.

Al controlar tus emociones, permites que el centro de control racional de tu cerebro (la corteza prefrontal) tome el mando. Esto permite que las decisiones sean más racionales y menos emocionales. El resultado es casi siempre una decisión óptima basada en hechos, que plantea mejores preguntas y mejora el análisis de las múltiples opciones disponibles.

Aceptar y gestionar tus reacciones hacia los demás. Si alguien es grosero o negativo contigo, reaccionar de forma similar rara vez te beneficia. Es probable que te arrepientas de haberlo hecho, aunque solo sea por cómo te criticas a ti mismo en tu diálogo interno. Haz una pausa. Piensa. Reflexiona.

¿Cuál es la forma más adecuada y emocionalmente inteligente de responder? ¿Alejarse? ¿Ignorarlo? Ambas son opciones válidas a tener en cuenta.

Es importante ser adaptable al expresar tus emociones. Las personas con gran capacidad de adaptación manejan muchas exigencias sin perder de vista sus habilidades y sus objetivos más importantes. Ser capaz de adaptarse rápidamente a los cambios o circunstancias externas, saber que la incertidumbre es un hecho y sentirse cómodo con ello.

Conciencia social

El tercer aspecto fundamental de la inteligencia emocional es estar muy en sintonía con las emociones y preocupaciones de los demás. Comprenderlas sin juzgar, criticar ni elogiar. Darse cuenta de que los demás tienen responsabilidades y son dueños de sus emociones y de cómo las expresan, al igual que tú eres dueño y responsable de tus emociones y de cómo las expresas.

Ser plenamente consciente de las señales emocionales de los demás, como los cambios en el tono de voz, la postura corporal, la elección de palabras o los patrones respiratorios. Además, tener una gran conciencia organizativa con la capacidad de reconocer las dinámicas de poder en los grupos, equipos u organizaciones, incluyendo saber dónde se encuentra el poder formal e informal y la toma de decisiones.

Todas las organizaciones y grupos tienen normas tácitas, subgrupos, conflictos históricos y valores rectores.

Comprenderlos sin dejarse dominar por ellos es una gran ventaja.

Gestión de relaciones

Saber cómo desarrollar y mantener buenas relaciones, tanto a nivel profesional como personal. Esto a menudo conduce a la capacidad de inspirar o influir en los demás, dos atributos poderosos de los grandes líderes. Convertir los conflictos personales entre personas en conflictos cognitivos sobre ideas, opiniones y elecciones. Trabajar para encontrar soluciones aceptables que beneficien al equipo y a la organización.

Las personas competentes en la gestión de las relaciones de la inteligencia emocional muestran la capacidad de llevar a las personas a perspectivas, contextos y condiciones compartidos. Crean un ambiente en el que las personas se comprometen voluntariamente a apoyar los esfuerzos del grupo. Son fuertes en la construcción de la pertenencia al grupo, en la identidad, en el fortalecimiento de las relaciones y en el espíritu de camaradería y solidaridad.

La capacidad de persuadir e influir en las personas para que colaboren de manera cooperativa, en lugar de obligarlas a participar en actividades y proyectos de trabajo en equipo insatisfactorios. Crean un clima laboral de cooperación, respeto y ayuda mutua.

La forma en que manejas tus relaciones con los demás es el epítome de la inteligencia emocional. La regla fundamental de la inteligencia emocional: detente siempre a pensar en cómo los demás pueden interpretar y sentir tus palabras y acciones.

Puedes empezar por hacerte estas seis preguntas en cualquier situación:

> ¿Es necesario decir esto?
>
> ¿Es necesario que lo diga yo?
>
> ¿Es necesario que lo diga yo ahora mismo?
>
> ¿Cuál es la mejor manera de decirlo?
>
> ¿Me arrepentiré de no haber hablado?
>
> ¿Me arrepentiré de no haber hablado ahora mismo?

Estar en sintonía con las interacciones con los demás y si estas se ven afectadas por sus emociones (o por las tuyas). Comprender cómo interactúan los demás contigo puede estar dictado por cómo sus emociones les influyen (o les controlan). Ser receptivo a las señales sociales y al lenguaje corporal no verbal de los demás.

¿Estas señales no verbales te provocan emociones? ¿Afectan a tu capacidad para escuchar lo que se dice y lo que no se dice?

Además, ¡sé consciente de lo que proyectas con tus señales sociales y tu lenguaje corporal no verbal!

Las personas con una mentalidad Humony tienen radares internos muy afinados que se centran en las estelas emocionales que generan en sí mismas y en los demás.

Una mentalidad Humony te permite ser consciente de estas repercusiones emocionales, reforzando las interacciones positivas y creando relaciones más profundas y significativas, lo que conduce a un mundo más pacífico.

En el centro de las estelas emocionales que creas debe estar la paz. La paz contigo mismo. Con la naturaleza y la vida. Con todos tus semejantes.

Todos estamos aquí para servir a aquellos que no pueden servirse a sí mismos.
Podemos dar esperanza a las personas y más razones para ser humanos.
Dionne Warwick

Capítulo 4

Los pilares de la mentalidad Humony

Tenemos que ser mejores.
Tenemos que amar más y odiar menos.
Tenemos que escuchar más y hablar menos.
Tenemos que saber que esto es responsabilidad de todos.
Meghan Rapinoe

Hay cuatro pilares en la mentalidad Humony:

1) Paz: armonía tanto interna como externa.

2) Compasión: equilibrio entre las experiencias externas e internas.

3) Amabilidad: centrarse en ser amable con los demás (exterior), pero también incluye serlo con uno mismo (interior).

4) Respeto: se muestra principalmente hacia los demás, aunque el respeto por uno mismo es una característica clave.

Estos cuatro pilares se sustentan en dos fundamentos subyacentes: la aceptación y la armonía.

Exploraremos primero los cuatro pilares, seguidos de los dos fundamentos de apoyo.

Paz interior

La paz interior comienza en nuestro interior y, una vez alcanzada, se traslada a las manifestaciones y acciones externas. Encuentra la paz contigo mismo, con tu situación y con tus deseos.

La aceptación incondicional es el componente clave de la paz interior. Esto no significa que no quieras que las cosas (o tú) cambien y mejoren. Pero tienes que aceptar y sentirte cómodo con quien eres y dónde te encuentras en este momento. Recuerda: sea bueno o sea malo, esto también pasará.

Otro aspecto de la paz es reducir el nivel de ruido en el mundo. Habla más bajo. Sé más consciente del ruido que generas. Reduce los gritos y los chillidos de enfado. Evita tocar el claxon con ira o frustración cuando conduzcas. Mantén la privacidad de las conversaciones por teléfono móvil alejándote de los demás y dejando que el dispositivo amplifique tu voz (especialmente en lugares públicos).

¿Puedes estar en paz todo el tiempo? Es dudoso. Nuestro ajetreado estilo de vida las 24 horas del día, los 7 días de la semana, lo hace difícil. Además, tenemos que lidiar con otras personas, no todas las cuales demuestran amabilidad, compasión, bondad o respeto. Y, por supuesto, nuestro ego se interpone cuando sentimos que nos han hecho daño, nos han maltratado o no nos han dado las justas recompensas o lo que creemos que nos corresponde.

Por eso es necesario restablecer tu aura de paz varias veces al día. Vuelve a centrar tu punto de paz.

Una técnica para pasar rápidamente a un estado de paz es tener tres o cuatro palabras «recurrentes» que evoquen imágenes visuales intensas en tu mente. Cada palabra debe representar una imagen que te ayude a contrarrestar o frenar el aumento de las emociones negativas. En mi caso, cuando empiezo a sentir que me enojo, mi palabra de referencia es «sol». Me resulta difícil (al menos a mí) seguir enfadándome cuando tengo en mente la imagen de un sol brillante y un cielo azul claro.

Del mismo modo, utilizo la palabra «playa» para evocar una tranquila escena playera al atardecer, cuando necesito aportar paz y calma a un momento que empieza a descontrolarse. Si la imagen es lo suficientemente fuerte, puedo sentir la fresca brisa del mar soplando en mi cara y en mi cuerpo.

Por último, cuando me bloqueo creativamente, normalmente por pensamientos que me distraen o por interrupciones no deseadas, utilizo la palabra «cascada» para llenar mi mente con una imagen de agua burbujeante y torrencial que cae por la ladera de una montaña y desemboca en un río. Tras unos instantes (normalmente entre 45 y 75 segundos) visualizando internamente esta escena, estoy listo para estar plenamente presente en el momento real. De alguna manera, esta imagen de poder integrado y de movimiento imparable reinicia mi creatividad y me impulsa de nuevo al modo de concentración creativa total (y de atención plena).

Naturalmente, es posible que estas tres palabras (sol, playa y cascada) no sean relevantes para usted. Encuentre sus propias palabras que puedan evocar automáticamente imágenes significativas que le transporten a un momento de paz y conciencia plena.

También puedes decirte a ti mismo: «Estaré en paz durante los próximos xx minutos» o «Estaré en paz durante el resto de la tarde». No seas demasiado ambicioso, ya que pocos de nosotros podemos permanecer en paz durante más de unas horas, a menos que estemos solos y contentos con nosotros mismos y con nuestras actividades.

A continuación, entra en paz con el mundo que te rodea. ¿Qué te aporta paz? ¿El canto de los pájaros? ¿Los niños están jugando? ¿La tranquilidad y la soledad? ¿El ejercicio? ¿Cocinar? ¿Leer? ¿Escribir? ¿Las conversaciones con familiares o amigos? ¿El sol en tu cara?

Sea lo que sea lo que te funcione, introduce estos elementos en tu vida de forma intencionada y con frecuencia. Elige tus auras. Concéntrate en ellas. Bébete cada sorbo. Respira profundamente. Deja que creen tu bienestar mental. Siente la calma recorriendo tu cuerpo, oleadas de relajación y tranquilidad. Siente cómo tus músculos se relajan (se aflojan) a medida que la tensión de todo tu cuerpo disminuye con cada exhalación.

Utiliza estos sentimientos de paz y las emociones positivas que se arremolinan en tu mente para crear tu aura de paz. Esta aura de paz se convierte en tu sistema operativo para tratar a los demás (y a ti mismo) con compasión, amabilidad y respeto.

Con la paz en el centro de tu aura, los otros tres pilares fluyen de forma natural. La paz se convierte en tu protectora contra el ajetreo diario de la vida y contra todas las personas, acontecimientos y situaciones desagradables y preocupantes con los que te encuentras.

Un aura de paz te permite ir hacia tu interior y recordarte a ti mismo que esto también pasará. Que la piedrecita en tu cerebro se convierta en arena mediante pensamientos y acciones pacíficos y positivos. La arena se la llevará la marea de pensamientos pacíficos como conchas rotas en una playa.

Toma esta aura como tu escudo contra todas las cosas, personas, situaciones y acontecimientos que desafían tu paz interior.

Me refiero a la paz verdadera y profunda del alma. No a la paz humana que se obtiene con un baño caliente, un tratamiento de spa o una larga siesta. Aunque ese tipo de satisfacción y esa sensación maravillosa son fabulosas, no tienen un impacto duradero en la verdadera paz interior de uno.

¿Es la paz interior obligatoria para tener una mentalidad Humony? No, pero es un elemento fundamental. Es difícil imaginar tener una mentalidad Humony fuerte y muy desarrollada sin el elemento de la paz interior. ¿Cómo puedes mostrar compasión y amabilidad hacia los demás si no estás en paz contigo mismo? Si vas por ahí en un estado de irritabilidad, es poco probable que estés abierto a nuevas ideas, que abordes las cosas con curiosidad o que respondas adecuadamente a los conflictos interpersonales.

Las excepciones suelen ser temporales y requieren un esfuerzo intencional. Por ejemplo, pensemos en alguien que se encuentra en estado de agitación porque algo importante le preocupa. Aun así, puede dejar de lado ese problema tan importante para mostrar compasión y amabilidad, incluso amor, hacia los demás. Quizás haya drama y conflicto en su lugar de trabajo. Llega a casa, deja de lado esos problemas y ten interacciones compasivas y amorosas con tu familia. Entiende que no tiene sentido descargar los problemas del trabajo sobre tus familiares o tus mascotas.

En situaciones a corto plazo que causan angustia, ansiedad y agitación, es posible recurrir a la fuerza interior para crear un aura de paz y poner esas situaciones en perspectiva (también pasarán).

¿Qué hay de las actividades benéficas, como el trabajo voluntario? Tus esfuerzos no serán tan efectivos si estás agitado o angustiado. Las personas perciben tus vibraciones (aura) y notarán que tu corazón y tu alma no están en lo que estás haciendo. Hacer las cosas por inercia está bien durante un tiempo, pero a largo plazo resulta contraproducente.

En cualquier caso, la paz es un estado mental superior a la inquietud.

¿Por qué no hay más gente en paz? La mayoría nunca se ha parado a pensar en ello. Todo el mundo está tan acostumbrado a lidiar con las presiones y los placeres diarios. Además, el ego no desea la paz. Está constantemente agitado, centrado en la preservación. Debe estar alerta y atento al peligro en todo momento. Está preparado para luchar, huir o paralizarse. La paz se percibe como una debilidad para el ego.

Además, la paz pone al ego en riesgo de pasar por alto una señal o una situación de peligro. ¿Quién quiere un guardaespaldas consciente?

Compasión

Como muestra claramente la investigación de Brené Brown, la empatía y la compasión son diferentes. Ella señala: *«La compasión es una creencia profundamente arraigada que muestra que estamos inexplicablemente conectados entre nosotros por algo que tiene sus raíces en el amor y la* bondad». También dice: *«La empatía es el conjunto de habilidades que da vida a la compasión»*.

La compasión debe comenzar por uno mismo. Perdónate por todo lo que haya limitado tu paz y tu alegría desde que tienes memoria hasta este mismo momento. El pasado ya pasó. Tú controlas tu futuro. Tú escribes tu futuro.

Si bien la empatía es un rasgo importante, la compasión es aún más importante. Es la diferencia entre decirle a alguien que te importa y demostrárselo. La compasión ocurre cuando el deseo de ayudar se convierte en acción y en una respuesta impactante.

La autocompasión es un aspecto fundamental de la mentalidad Humony, porque es casi imposible ofrecer compasión a los demás si no somos capaces de tratarnos a nosotros mismos con amabilidad y respeto. La autocompasión implica abandonar todos los pensamientos negativos que tienes en la mente. Pensamientos como:

No soy lo suficientemente bueno.

No merezco ser amado.

No soy lo suficientemente delgado, alto, guapo, etc.

No soy lo suficientemente rico.

No soy lo suficientemente inteligente.

Eres suficiente. Crea un sentido interno muy fuerte de tu propia valía. ¿Por qué? Porque la investigación de Brown también demostró que las personas con un fuerte sentido del amor y la pertenencia creen que son dignas de amor y pertenencia.

La compasión no solo es un atributo innato de la humanidad, sino que también puede enseñarse. Un estudio reciente, publicado en la revista Mindfulness, reveló que el entrenamiento en compasión puede ampliar significativamente el círculo moral de un individuo. Un círculo moral es el conjunto de seres y entidades que un individuo considera dignos de preocupación moral.

Por lo general, los seres humanos solo dan prioridad a su familia y a sus grupos sociales cercanos en sus círculos morales, por lo que tienden a descuidar a otras personas que son diferentes, distantes o estigmatizadas por la sociedad, sus prejuicios o sus grupos sociales. Estas tendencias tienen su origen en procesos evolutivos y psicológicos que favorecen la cohesión del grupo.

En el estudio citado, los investigadores descubrieron que los participantes sometidos a la terapia centrada en la compasión mostraron una mayor preocupación moral por una gama más amplia de seres, incluyendo a la familia, a los desconocidos, a los animales y al medio ambiente. Curiosamente, el efecto del entrenamiento se observó de inmediato y se intensificó durante un seguimiento de tres meses.

La compasión, un factor clave de la expansión moral, es definida por los científicos sociales como una sensibilidad al sufrimiento, junto con el deseo o el compromiso de aliviarlo. A diferencia de la empatía, que a menudo es sesgada y selectiva, se considera que la compasión fomenta y produce una forma más universal e inclusiva de preocupación moral. Otras investigaciones han demostrado que la compasión puede reducir los miedos y los prejuicios, lo que significa que las personas pueden utilizarla para ampliar su brújula moral y sus círculos morales.

La compasión tiene que ver con tu mentalidad y con cómo esta influirá en tus interacciones con los demás. No se trata de fingir amabilidad y cortesía.

Tu mentalidad debe ser que todo el mundo está haciendo lo mejor que puede con los recursos (mentales y emocionales) que tiene en ese momento. Y si no es así, esperas que sea una experiencia de aprendizaje o de crecimiento para ellos. En cualquier caso, es el punto en el que se encuentran en su camino.

Lo más difícil es no juzgar, o al menos no expresar nuestros juicios. Como seres humanos, juzgamos a los demás, sus comportamientos y acciones. Mantener estos juicios en silencio es el mayor obstáculo. El segundo mayor obstáculo es no permitir que estos juicios afecten nuestra mentalidad, nuestros prejuicios y nuestras interacciones. Para ello, concéntrese en su estela emocional.

No se trata de la regla de oro de «trata a los demás como te gustaría que te trataran a ti», sino de lo que algunos denominan la regla de platino: «trata a los demás como les gustaría que los trataran».

No todo el mundo querrá tu simpatía, tus palabras sabias y concisas, tus abrazos reconfortantes o tus mejores consejos bienintencionados. Tienes que evaluar lo que ellos creen que quieren o necesitan, no lo que tú crees que necesitan.

Y no te tomes el rechazo tan en serio ni como algo personal. Es posible que hayas malinterpretado sus deseos y necesidades. Quizás no estén en un estado receptivo. Acéptalo. Compréndelo. Intenta otra cosa o sigue adelante. No puedes arreglar todos los males ni a todas las personas infelices con las que te encuentres. Siéntete satisfecho de no haber aumentado su infelicidad ni su sensación de que la situación es desagradable. Siéntete satisfecho contigo mismo (lo intentaste).

Mostrar compasión no siempre será bien recibido, ni siempre ayudará. Pero si se muestra de forma sincera, nunca perjudicará a la otra persona ni a la situación. Además, es gratis. ¡No te costará nada! Excepto un mínimo esfuerzo. Y te proporcionará cierta satisfacción personal.

Así que deja pasar con facilidad al conductor que te sigue muy de cerca. Sé educado con la persona que limpia tu mesa en el comedor. Sé tolerante con los niños ruidosos que arman alboroto en los espacios públicos. Sé paciente con la persona mayor que tiene dificultades para pagar en la caja. Y, por supuesto, sé paciente con ese padre que lucha por que su hijo se sienta cómodo y se calme en un avión. Todos ellos están haciendo lo mejor que pueden con los recursos y la energía de los que disponen en ese momento.

Dado que todos estamos conectados entre nosotros, la forma en que nos tratamos es de suma importancia. Cuanta más compasión aportemos en nuestras interacciones, mayor será nuestro impacto en el mundo.

Una persona compasiva tiene un agudo sentido de la empatía e interactúa conscientemente con los demás mediante actos de bondad continuos e intencionados. Antoine De Saint-Exupéry escribió una excelente frase en su novela *El principito*: *«Solo se ve bien con el corazón; lo esencial es invisible a los ojos»*. La compasión proviene del corazón y te permite ver con mayor claridad lo que tus ojos y tu mente malinterpretan.

Todos nacemos con un sentido innato de la compasión, como podemos observar cada vez que vemos a un bebé o a un niño pequeño acercarse y abrazar a otro que llora. Sin embargo, de alguna manera, nuestra capacidad para expresar compasión a menudo queda enterrada en nuestra adolescencia y primeros años de adultez, para luego regresar en la mediana edad, cuando las responsabilidades parentales y las preocupaciones por nuestros padres ancianos pasan a primer plano.

Por supuesto, esto suele ser más cierto para los hombres que para las mujeres. Las adolescentes pueden ser muy compasivas (¡algunos dirían que demasiado!). Pero los adolescentes parecen sumergir sus tendencias compasivas a medida que construyen su ego, su cuerpo y su imagen personal sobre los pilares de la fuerza, la dureza, el esfuerzo individual (incluso en los deportes de equipo) y el arriesgarse jugando con el peligro (como beber, fumar, consumir drogas, conducir a alta velocidad, meterse en peleas y correr riesgos).

Quizás el componente de compasión de los adolescentes varones está parcialmente reprimido por los adultos, quienes los reprenden con frases como «los niños grandes no lloran» y «sé fuerte, sé un hombre». O el grito masculino de siempre: «Vamos, inténtalo, no seas un cobarde».

Sin embargo, no hay nada de débil ni poco masculino en mostrar compasión y empatía. La empatía es un componente fundamental de la inteligencia emocional, y la inteligencia emocional te llevará más lejos en la vida que la inteligencia mental (lee los dos excelentes libros de Daniel Goleman, *Inteligencia emocional* y *Trabajar con inteligencia emocional,* para aprender cómo y por qué).

George Washington Carver, científico, botánico, educador e inventor estadounidense, tenía una gran perspectiva y escribió: *«Lo lejos que llegues en la vida depende de que seas tierno con los jóvenes, compasivo con los ancianos, comprensivo con los que luchan y tolerante con los débiles y los fuertes». Porque algún día en tu vida habrás sido todo eso».*

Los actos de compasión son una forma de vivir las palabras de la autora Sally Koch: *«Las grandes oportunidades para ayudar a los demás rara vez se presentan, pero las pequeñas nos rodean todos los días».* O, como escribió John Andrew Holmes, médico y escritor estadounidense conocido por su obra *Wisdom in Small Doses* (Sabiduría en pequeñas dosis): *«No hay mejor ejercicio para el corazón que agacharse y levantar a las personas».*

A veces, el acto más compasivo que puedes hacer por una persona es ofrecerle unas palabras amables de apoyo, empatía, ánimo o ayuda. Como dijo la Madre Teresa: *«Las palabras amables pueden ser breves y fáciles de pronunciar, pero su eco es verdaderamente infinito».*

Según George W. Crane, psicólogo y columnista de prensa estadounidense, *«las palabras de agradecimiento son la fuerza más poderosa para el bien en la tierra».* También lo son las palabras de apoyo, empatía, ánimo y ayuda, especialmente cuando se pronuncian con compasión, significado y sinceridad. Además, serás más feliz y estarás más satisfecho contigo mismo cuando le des a alguien un poco de tu corazón en lugar de un pedazo de tu mente.

Como sabes, sonreír a alguien no requiere más esfuerzo que fruncir el ceño o sacudir la cabeza con desdén. Una simple sonrisa suele ser el ingrediente secreto para levantar la moral y la actitud mental de los demás. Una sonrisa expresiva muestra que eres, accesible y abierto. Envía un mensaje claro en el que se indique que eres amable. También les dices a los demás que valoras su humanidad.

Del mismo modo, se tarda lo mismo en expresar una palabra amistosa o alentadora que en pronunciar una crítica o un comentario despectivo. Podemos ser compasivos con la misma facilidad con que podemos ser indiferentes o crueles.

Muchas personas esperan a que otros muestren compasión antes de transmitirla a los demás. Eso es muy necesario. Es mejor ser el primero en dar, sabiendo que recibiremos lo mismo a cambio de los demás, si no de la persona a la que mostramos compasión. No hagas que la compasión dependa de las acciones de los demás. No te desanimes si la compasión recíproca no se demuestra de inmediato. La persona que muestra compasión es la ganadora. No preguntes qué compasión puedes recibir de los demás, sino qué compasión puedes ofrecerles.

Recuerda que la compasión requiere valentía. Debes estar dispuesto a arriesgarte al rechazo, incluso al ridículo. Pero la mayoría de las veces, tus esfuerzos serán apreciados y reconocidos. Y tus esfuerzos siempre deben ser gratificantes y reconocidos por ti mismo. ¿Dónde estaríamos si todos esperaran a que los demás fueran compasivos primero?

Probablemente viviendo en un mundo de división y discordia (¡oh, espera, ya lo estamos!).

Amabilidad

Como escribió Henry James: *«Hay tres cosas importantes en la vida humana: la primera es ser amable; la segunda es ser amable; y la tercera es ser amable»*. La amabilidad cambiará el mundo, una interacción y una persona a la vez.

Lo sorprendente de actuar con amabilidad es que a menudo no tenemos ni idea de lo significativas que son nuestras acciones para los demás. Es poco probable que sepamos cómo nuestra amabilidad les ha levantado el ánimo, les ha proporcionado un alivio momentáneo de la desesperación, les ha ayudado a superar una irritación menor o mayor, o les ha hecho sentir agradecidos por la amabilidad de un desconocido. Pero ese es el poder de la amabilidad, ya sea a través de nuestras sonrisas o de nuestras acciones útiles.

Cuando respondemos con amabilidad ante el sufrimiento, incluido el nuestro, reafirmamos que nuestras vidas y nuestro bienestar están interconectados con el resto de la humanidad. Afortunadamente, la amabilidad es un comportamiento que se refuerza a sí mismo. Quizás para que la humanidad sobreviva y prospere en el futuro, tendremos que evolucionar hacia una mentalidad de «supervivencia de los más amables». O, mejor aún, «supervivencia de los pacíficos, compasivos, amables y respetuosos».

A lo largo de nuestra historia evolutiva, los seres humanos hemos dependido de la bondad para sobrevivir. La colaboración significativa, especialmente en tiempos de agitación, conflictos o desastres, ha permitido a la humanidad superar desafíos, unirse, recuperarse de catástrofes y prosperar en diversas situaciones.

Ser amable con los demás requiere muy poco esfuerzo, pero rara vez se muestra, especialmente con los desconocidos y con la multitud de personas con las que «interactuamos» a lo largo del día. La palabra «interactuar» no describe adecuadamente cómo se relaciona la mayoría de las personas entre sí. Nuestras «interacciones» tienden a ser expresiones bruscas de charlas sin sentido, transmitidas para aliviar la incomodidad social de las personas que se ven obligadas a mezclarse por las circunstancias de su vida cotidiana.

A menudo vivimos y conversamos con los demás sin pensar realmente en las personas con las que interactuamos y en su estado de ánimo. Imagínese el impacto que tendríamos si pudiéramos ayudar a los demás a distraerse de sus problemas, aunque solo fuera momentáneamente, simplemente interactuando con ellos y tratándolos con más amabilidad. No solo haríamos sonreír a más personas, sino que todos nos sentiríamos mejor por nuestros esfuerzos. ¡Hablamos de una situación en la que todos ganan!

La amabilidad requiere más esfuerzo que las expresiones vacías y poco sinceras de *«¿Qué tal?»* y *«¿Qué pasa?»*, y las respuestas igualmente evasivas de *«Nada especial»* y *«Lo de siempre»* que impregnan tantos encuentros diarios entre las personas. Una sonrisa, combinada con un interés sincero por el otro y un intercambio verbal de carácter explícitamente personal, marcará una diferencia notable en la vida de los demás seres humanos con los que interactúas, así como en tu propia vida.

Ser amable es casi siempre lo correcto, y hacerlo a menudo tendrá consecuencias inesperadas, pero positivas. Como escribió Mark Twain: *«Haz lo correcto: satisfará a algunas personas y sorprenderá al resto»*. El poeta y ensayista inglés Charles Lamb añade: *«El mayor placer que conozco es hacer una buena acción en secreto y que se descubra por casualidad»*.

La periodista estadounidense Katie Couric tiene una actitud muy positiva que vale la pena inculcar en tu ética: *«En un mundo que parece cada vez más sarcástico y crítico, sé amable». Sé amable con tus amigos, con tu familia y contigo mismo. Y, recuerda que, al igual que tú, todo el mundo está haciendo lo mejor que puede»*.

O bien, puedes considerar la posibilidad de adoptar como misión personal el siguiente objetivo de Charles Kingsley, clérigo, profesor universitario e historiador inglés:

> *Si es posible, nunca te acuestes por la noche sin poder decir: «Hoy he hecho que al menos una persona sea un poco más sabia, un poco más feliz o un poco mejor».*

Un artículo publicado en *The Journal of Positive Psychology* en diciembre de 2022 informó sobre un notable estudio que relacionaba la amabilidad con la reducción de la ansiedad. La investigación demostró que realizar actos de amabilidad al azar es una forma sencilla y agradable de calmar las preocupaciones y mejorar el estado de ánimo. En un estudio controlado con tres grupos, quienes practicaban actos de amabilidad al azar experimentaron una mayor reducción de la depresión y la ansiedad, así como una mayor satisfacción con la vida.

Dado que los actos de bondad no solicitados suelen mejorar el bienestar tanto de quienes los realizan como de quienes los reciben, cabe preguntarse por qué no se realizan con mayor frecuencia y regularidad. Lamentablemente, las investigaciones muestran que, por lo general, las personas temen que sus actos de bondad no solicitados sean malinterpretados. ¡Sin duda, eso es una lacra del estado actual de la sociedad!

Además, las personas tienden a subestimar lo bien que un acto de bondad puede hacer sentir al receptor y cuán beneficioso puede resultar. De hecho, los encuestados temían que otros se sintieran ofendidos por sus ofertas de ayuda o pensaran que un regalo aleatorio tenía motivos ocultos e indeseables.

Sin embargo, los resultados de la prueba de amabilidad realizada por BBC Radio 4 y la Universidad de Sussex mostraron lo contrario. Menos del 1 % de las personas encuestadas en este estudio dijeron que se sentirían avergonzadas al recibir un acto de amabilidad. Por el contrario, la mayoría dijo que se sentiría feliz, agradecida o querida al recibir un acto de amabilidad inesperado.

Así que, en resumen: si quieres hacer un acto de bondad por alguien, no lo pienses demasiado. ¡Simplemente hazlo! Como dijo Ralph Waldo Emerson: *«Nunca es demasiado pronto para hacer un acto de bondad, porque nunca se sabe cuándo será demasiado tarde»*.

Algunas de las canciones clásicas de la década de 1970 se centraban en la compasión y la bondad. Entre ellas se encontraban *You've Got A Friend, Bridge Over Troubled Water* y *He Ain't Heavy, He's My Brother.*

Estas canciones, y muchas otras similares, reflejan el pensamiento de Jean-Baptiste Henri Lacordaire, un eclesiástico, predicador, periodista y activista político francés de principios del siglo XIX, quien escribió: *«No es el genio, ni la gloria, ni el amor lo que refleja la grandeza del alma humana, sino la bondad»*.

Muchas personas creen que «lo que se siembra, se cosecha». Creen que cualquier acto de bondad que se haga por otra persona será recompensado por alguien que hará un acto de bondad por sí mismo o por uno de sus seres queridos. La película *Pay It Forward* se basa principalmente en este principio.

Otros creen que ser amable y compasivo con los demás proporciona una sensación de satisfacción personal y es gratificante en sí mismo. Como escribió la escritora Flora Edwards: *«Al ayudar a los demás, nos ayudamos a nosotros mismos, porque todo el bien que damos completa el círculo y vuelve a nosotros».*

Cuando ves a los demás como seres espirituales que residen en forma humana, en lugar de simplemente otros seres humanos que viven vidas de silenciosa desesperación, ya no querrás mantener tus interacciones diarias con ellos en la periferia de tu vida. En cambio, te darás cuenta de que extender la amabilidad y las cortesías sinceras a los demás es uno de los componentes fundamentales de la auténtica felicidad.

Algunas personas tienen tanto miedo de que otros se aprovechen de ellas que ocultan y reprimen deliberadamente sus deseos de ser amables. Estas palabras de la Madre Teresa deberían disipar esas preocupaciones:

> *Las personas suelen ser irracionales y egocéntricas. Perdónalas de todos modos.*
>
> *Si eres amable, la gente puede acusarte de tener motivos ocultos. Sé amable de todos modos.*
>
> *Si eres honesto, la gente puede engañarte. Sé honesto de todos modos.*
>
> *Si encuentras la felicidad, la gente puede ponerse celosa. Sé feliz de todos modos.*
>
> *El bien que hagas hoy puede ser olvidado mañana. Haz el bien de todos modos.*
>
> *Da al mundo lo mejor que tienes y puede que nunca sea suficiente. Da lo mejor de ti de todos modos.*
>
> *Porque, al fin y al cabo, es algo entre tú y Dios. Nunca fue algo entre tú y ellos.*

Aquí tienes varias formas de añadir fácilmente amabilidad a la vida de los demás:

- Comparte tus conocimientos y experiencias con los demás a través de charlas voluntarias en escuelas y en tu comunidad, o mediante contenidos gratuitos que publiques en Internet.
- Dona libros, revistas, ropa, utensilios de cocina, vajilla, ollas y otros artículos usados que rara vez o nunca utilizas (ordenar tu casa y tu vida siempre es una buena sensación).
- Proporciona ayuda, consuelo o comida a quienes más lo necesitan, especialmente a las personas sin hogar. En lugar de tirar la comida que no utilizas, métela en una bolsa y llévala a una zona donde haya personas sin hogar o mendigando. Cada vez que veas a una persona sin hogar o hambrienta cerca de un restaurante de comida rápida al que vayas, añade un plato saludable a tu pedido y dáselo a esa persona mientras caminas hacia tu coche o te alejas. El agradecimiento que recibirás valdrá la pena de los pocos dólares extra que gastes.
- Ayude a sus vecinos con las tareas domésticas o cuide a sus hijos para que puedan tener una «noche de cita» o tomarse un descanso de sus rutinas diarias.
- Deja paso a quienes parecen tener prisa, aunque parezcan groseros o antipáticos. Quizás estén pasando por un problema personal, tengan un familiar grave o su trabajo les estrese. No tiene sentido que te estreses por tu comportamiento. Es mejor apartarse o dejarles pasar por la carretera. Puede que les estés

haciendo un gran favor al dejarles seguir con prisa.

- Sorprende a tus seres queridos con notas de ánimo y agradecimiento. Esto funciona especialmente bien con los niños preadolescentes, a quienes les encanta recibir notas sorpresa de amor, elogios o ánimos de mamá o papá en sus almuerzos, para llevarlas o esconderlas en sus libros escolares.
- Involucra activamente a las personas introvertidas y tímidas en breves conversaciones cada vez que te encuentres con ellas en pasillos, ascensores, tiendas, fiestas u otros lugares públicos. A menudo tienen grandes ideas y mucho que decir si se les pregunta y se les anima.
- Responde a la grosería con compasión. No tiene sentido echar leña al fuego y empeorar una situación ya de por sí mala. Todos tenemos momentos de crisis emocionales, así que ayuda a quienes sufren dolor emocional con palabras tranquilas y reconfortantes, en lugar de tus propias palabras airadas de confrontación.
- Sé generoso con quienes parecen necesitarlo: deja pasar delante de ti en la cola de la caja a la persona que parece tener prisa, o cede tu asiento en el transporte público a alguien que parece cansado y agotado.
- Di «por favor» y «gracias» con sinceridad, y asegúrate de sonreír y mirar a los ojos a la otra persona para que perciba tu sinceridad y autenticidad.

- Sé constantemente generoso con tus elogios hacia los demás. Es increíble lo mucho que un pequeño elogio puede contribuir a generar energía, pasión y entusiasmo en los demás.
- Reduce considerablemente tus críticas y quejas sobre los demás, especialmente a sus espaldas. La vieja regla de «si no puedes decir nada bueno de alguien, no digas nada» es un sabio consejo.
- Recuerda tus actos de bondad anteriores, que sin duda te harán esbozar una leve sonrisa. Esos recuerdos positivos son una buena forma de despertar nuevas ideas para mostrar bondad hacia los demás.
- Sé agradecido por las cosas buenas y por las personas que se cruzan en tu camino, y recuérdate a ti mismo que cada acto de bondad que generas produce sentimientos de gratitud y aprecio en los demás.
- Recuerda que los pequeños actos de bondad cuentan como grandes, especialmente para quienes los reciben. Así que ayuda a la persona que tiene dificultades con su equipaje de mano, a los ancianos o enfermos para cruzar la calle, y pregunta al desconocido que parece perdido si necesita indicaciones. Y comparte siempre tu paraguas con quienes se han visto sorprendidos por la lluvia sin tener uno propio.

Muchos de los ejemplos anteriores pueden parecer pequeños y tener poco impacto. Sin embargo, como escribió Esopo, *«ningún acto de bondad, por pequeño que sea, se desperdicia jamás»*. O, como dijo Kahlil Gibran, *«el más pequeño acto de bondad vale más que la mayor intención»*.

Además de lo anterior, debes ser más amable y gentil contigo mismo. No hay mucha recompensa en ser demasiado duro y crítico consigo mismo. Si bien dice el viejo dicho *«la bondad comienza en* casa», ciertamente tiene algo de verdad, es recordar que la bondad auténtica comienza con uno mismo.

Ser amable no significa que no hagamos responsables a las personas de sus acciones, comportamientos y palabras. Y de los resultados y las condiciones que esas acciones, comportamientos y palabras generan.

Sin embargo, ser amable sí significa que podemos mostrar gracia y decencia humana cuando nos cruzamos con otras personas. Podemos ser abiertos y transparentes en nuestras comunicaciones. Y lo más importante, podemos mostrar humildad y comprensión en la forma en que los tratamos cuando tropiezan o caen.

Respeto

El nivel general de respeto en todos los ámbitos de la sociedad parece haberse deteriorado en los últimos años.

Prueba de ello es el lenguaje que impregna la música, las películas y los programas de televisión actuales, así como las acciones egoístas y abusos de poder por parte de personas con autoridad, políticos y líderes empresariales.

Aunque esto aún no ha alcanzado su punto álgido, no hay duda de que hoy en día se está produciendo una escalada de falta de respeto. Como escribió Gail Pursell Elliott, conocida como «la dama de la dignidad y el respeto»*: «Como sociedad, hemos llegado a un punto en el que las personas se tratan con demasiada frecuencia como objetos y oportunidades, en lugar de seres humanos». Respetarnos unos a otros como individuos, o no hacerlo, tiene un grave impacto en el futuro de todos nosotros».*

Fred Rogers, que tenía un famoso programa de televisión en Estados Unidos llamado *Mister Rogers' Neighborhood*, tenía una actitud interesante, casi altruista, sobre el respeto, que muy pocas personas practican o predican hoy en día:

> *Como seres humanos, nuestra tarea en la vida es ayudar a las personas a darse cuenta de lo excepcionales y valiosas que somos realmente, de que cada uno de nosotros tiene algo que nadie más tiene, ni tendrá jamás, algo dentro que es único en todo momento. Nuestra tarea es animarnos mutuamente a descubrir esa singularidad y proporcionar formas de desarrollar su expresión.*

¿Hay algo más importante en la vida que nuestros semejantes? ¿Hay algo más reconfortante que el contacto humano? Por eso, todos debemos mostrar un mayor respeto hacia nuestros semejantes. Y probablemente no haya mejor momento para empezar que el presente.

Quizás esa sea la verdadera esencia del respeto: tratar a las personas tal y como son, en lugar de como las percibimos o deseamos que sean en ese momento.

Johann Wolfgang von Goethe, un escritor alemán de principios del siglo XIX, nos da un consejo muy acertado: *«Trata a las personas como si fueran lo que deberían ser y les ayudarás a convertirse en lo que son capaces de ser»*.

Encuentra algo que pueda respetar en cada una de las personas con las que se encuentra, especialmente en aquellas que tiende a detestar. Cada persona tiene al menos una cualidad redentora. Una vez que los identifique y decida respetarlos (aunque solo sea el hecho de que son seres humanos y, por lo tanto, merecen ser respetados), estarán más dispuestos a tratarlos con compasión y amabilidad.

Recuerda que todos hemos sido creados por el mismo Creador. Sin embargo, tú decides cómo definir a ese autor de la humanidad. Por lo tanto, todos estamos conectados, con orígenes comunes y una experiencia de vida humana compartida.

Cuando respetamos el verdadero valor de las personas, iniciamos una poderosa transformación. Nuestras actitudes y acciones hacia ellas cambian, allanando el camino hacia un mundo más compasivo y armonioso.

Imagina un mundo en el que reinaran el respeto y la compasión. Si todos empezáramos a respetarnos unos a otros, así como nuestros respectivos caminos de vida y nuestras creencias individuales o colectivas, sin duda empezaríamos a derramar compasión y amabilidad entre nosotros. Este cambio podría reducir significativamente nuestros conflictos sociales, políticos, históricos y religiosos, sustituyendo el odio, el rechazo, la animosidad y la amargura por la amabilidad, la compasión, la aceptación y la buena voluntad hacia los demás.

¿Qué pasa con las personas que te han hecho daño o te repugnan? Quizás sean las que más necesitan y merecen tu respeto. Piensa en brindar respeto como si plantaras una semilla en los demás. ¿Dónde es más necesario plantar nuestras semillas: en campos fértiles de flores o en campos áridos con restos de hierba seca? Casi toda la Tierra es fértil y puede dar lugar a flores, hierba o árboles con las semillas y los cuidados adecuados. Lo mismo ocurre con nuestros semejantes. Entonces, ¿qué seres humanos necesitan más tus semillas de respeto y cuidado, de tu compasión y amabilidad?

La importancia del respeto y de mostrarlo a los demás es una verdad universal que no se puede exagerar. En nuestro mundo interconectado, faltar al respeto a los demás es como faltar al respeto a todos, incluidos nosotros mismos. Fomentar el respeto y la comprensión es una responsabilidad que todos compartimos.

Además, respetar otras culturas y personas es extremadamente importante, ya que el mundo actual está cada vez más interconectado en los ámbitos económico y social. Casi todos estamos expuestos con mayor frecuencia a oportunidades de interactuar con personas de otras culturas y orígenes. Sin embargo, hay que tener cuidado de no caer en la trampa del etnocentrismo, que básicamente consiste en creer que los valores, creencias y normas de la propia cultura son los únicos válidos o automáticamente superiores a los de los demás.

Este sistema de creencias no solo es erróneo y muy engañoso, sino que también da lugar a una mentalidad muy limitada que te impide aprender de los demás. Una vez que explores el mundo y otras culturas, aprenderás rápidamente que otras sociedades, personas y culturas tienen valores, creencias, normas y protocolos que no son mejores ni peores que los tuyos, solo diferentes.

Respeta estos diferentes valores, creencias, normas y protocolos, especialmente cuando te encuentres en su entorno cultural. Si lo haces, te sentirás cómodo y como en casa en cualquier lugar de este magnífico planeta.

El respeto no se activa ni se desactiva como un grifo. Debe brotar siempre de ti hacia todas las personas, los seres vivos, el medio ambiente, la propiedad y las cosas en general.

Sí, ocasionalmente te encontrarás con personas cuyas acciones no merecen respeto. En tales situaciones, lo mejor es recordar las palabras de Johann Wolfgang von Goethe mencionadas anteriormente para tratar a esas personas «como si fueran lo que deberían ser». Al hacerlo, tal vez puedas ayudarlas a superar los obstáculos a los que se enfrentan y contribuir a que se conviertan en lo que deberían ser.

Incluso si tus acciones respetuosas no parecen tener ningún impacto en ellas, te quedará un sentimiento positivo y respetuoso hacia ti mismo. Ese sentimiento te permitirá alejarte más fácilmente de los idiotas y de quienes se autoproclaman autoridades, manteniendo la paz contigo mismo en lugar de enfadarte con ellos y con el mundo.

Además, hay cuatro cosas importantes que debes recordar sobre el respeto:

1. Todo el mundo desea profundamente ser respetado, sentirse respetado.
2. Las personas respetan a quienes demuestran respeto por sí mismos.
3. Las personas son menos propensas a faltar al respeto a quienes las respetan.
4. El lenguaje que utilizamos es la forma predominante de expresar el respeto por nosotros mismos y por los demás.

Necesitamos pasar de un enfoque centrado en mí a uno centrado en nosotros. Las personas quieren saber que son importantes. A veces, lo consiguen a través del respeto por sí mismas, sabiendo que han contribuido de alguna manera a los demás. Pero, en su mayoría, quieren recibir esto de los demás y de otras personas. Constantemente. De forma continua. Añade un poco de respeto a cada uno de tus encuentros con los demás y la vida será mucho más agradable y gratificante tanto para ti como para ellos.

A lo largo de la eternidad, nunca ha habido nadie exactamente como tú. Y nunca habrá nadie exactamente como tú, ni ahora ni en el futuro. Lo mismo ocurre con todos los demás seres humanos que han nacido o nacerán. Este hecho hace que todas las almas vivientes sean dignas de respeto.

Empieza por respetarte a ti mismo.

Respeto por uno mismo

El otro aspecto importante del respeto es el respeto por uno mismo.

Como muchos atributos en la vida, el respeto por uno mismo es algo que debes tener antes de poder dárselo a los demás. Es casi imposible respetar y amar a los demás si no te respetas y amas a ti mismo.

Porque, como ha señalado Zig Ziglar, *«la persona más influyente que te hablará todo el día eres tú mismo, ¡así que debes tener mucho cuidado con lo que te dices!»*. Tu mayor conciencia y comprensión de ti mismo son muy importantes.

Si no tienes cuidado, tu charla constante contigo mismo te hundirá en pensamientos negativos que generarán una actitud deficiente, un comportamiento poco atractivo y una autoestima reducida.

Por eso es importante comprender y ser consciente de lo que te motiva y de lo que hace que tu autoestima baje. Al fin y al cabo, tener baja autoestima es como conducir por la vida con el freno de mano puesto.

«Tener pensamientos negativos», señala James Clavell, *«es realmente lo más fácil del mundo». Si dejas que tu mente actúe por sí sola, caerá en una espiral de infelicidad cada vez mayor. Sin embargo, tener pensamientos positivos requiere esfuerzo. Esta es una de las cosas de las que se trata la disciplina, el entrenamiento»*.

¿Cómo eliminar o, al menos, controlar los malos pensamientos que zumban en tu mente? Jim Rohn responde a esta pregunta con una metáfora sobre la jardinería: *«No puedes adoptar un enfoque suave con las malas hierbas de tu jardín mental». Tienes que odiarlas lo suficiente como para matarlas. Las malas hierbas no son algo que se maneja; las malas hierbas son algo que se devasta».*

No tienes por qué dejarte controlar por tus pensamientos. De hecho, tienes un control inmenso sobre tus pensamientos, incluso sobre los subconscientes. Estudios científicos han demostrado que la mente subconsciente solo puede pensar lo que se le dice. No puede crear nuevos patrones de pensamiento por sí misma; solo puede hacerlo a través de estímulos externos.

Por lo tanto, si te dices a ti mismo que estás triste, infeliz o enfadado, eso es lo que creerá tu subconsciente y te llevará a actuar en consecuencia. Sin embargo, supongamos que te dices a ti mismo que tienes muchas cosas por las que estar agradecido, por muy graves que parezcan las circunstancias actuales. En ese caso, abordarás tu situación de forma más positiva, optimista y feliz.

La clave está en comprenderse a uno mismo plenamente y cómo las situaciones, los comentarios, los pensamientos, las creencias y las emociones le afectan. Como ha escrito Nido Qubein, *«la aceptación total e incondicional de uno mismo es el primer paso para construir una imagen positiva de sí mismo».*

Para muchos, ganar y mantener el respeto por uno mismo es a menudo la parte más ardua del viaje hacia la mentalidad Humony. Se necesitan tiempo, paciencia y compromiso. Se necesita la voluntad de poner a prueba los límites que uno mismo se impone. Se necesita energía mental para hacer una pausa y mantener con frecuencia conversaciones reflexivas consigo mismo.

Y, por supuesto, se necesita la capacidad de amar a toda la humanidad, así como a uno mismo. Como escribió la escritora Joan Didion: *«Tener ese sentido del valor intrínseco de uno mismo que constituye el respeto por uno mismo es, potencialmente, tenerlo todo».*

Cuando estas palabras de Shakti Gawain te resulten ciertas, sabrás que estás en el camino correcto hacia el respeto por uno mismo:

> *«Estoy aprendiendo a ser paciente y compasivo conmigo mismo a medida que voy adquiriendo el valor de ser fiel a mí mismo».*

Es mucho más importante ser fiel a uno mismo que buscar la aceptación y la confirmación de los demás. Lo mismo ocurre con el respeto. Como escribe Steven H. Coogler: *«Busca el respeto principalmente en ti mismo, porque proviene primero de tu interior».*

Una de las ironías sobre el respeto y el respeto por uno mismo fue identificada hace siglos por el filósofo chino Lao-Tzu: *«Cuando te conformas con ser simplemente tú mismo y no te comparas ni compites, todo el mundo te respeta».*

Tu desarrollo personal continuo se logra a través del proceso de construir y mantener una alta autoestima y el respeto por ti mismo. Al cambiar la forma en que piensas sobre ti mismo y tus diálogos internos, cambias tu actitud, tu fe en ti mismo y en tus habilidades, tus convicciones y tus niveles de energía.

¡Todo ello simplemente por cómo piensas y te sientes contigo mismo! Y, como destaca Lydia M. Child, *«creer en uno mismo es uno de los pilares más importantes para construir cualquier proyecto exitoso»*. (El proyecto más importante que jamás construirás serás tú mismo).

Ahora, ¡una advertencia! No se trata de un ejercicio de autoengaño ni de motivación temporal. Sí, las afirmaciones motivacionales cumplen una función: generar ráfagas temporales de confianza en uno mismo (especialmente en los deportes y otras actividades competitivas o de rendimiento). Todos hemos sido testigos de cómo los desvalidos se imponen a sí mismos para alcanzar la victoria en innumerables películas y eventos deportivos.

Más bien, se trata de un viaje a largo plazo que requiere la paciencia y la compasión descritas anteriormente por Shakti Gawain. También requiere una verdad completa y honesta sobre uno mismo. Todos tenemos fortalezas y limitaciones. Nadie es perfecto. Hay que ser honesto con uno mismo acerca de las propias imperfecciones.

«*Por encima de todo*», como aconsejaba Fiódor Mijáilovich Dostoievski, *«no te mientas a ti mismo». El hombre que se miente a sí mismo y escucha sus propias mentiras llega a un punto en el que no puede distinguir la verdad dentro de sí mismo, a su alrededor, y así pierde todo el respeto por sí mismo y por los demás»*.

Sabrás cuándo te estás mintiendo a ti mismo y tratando de racionalizar alguna acción que tu conciencia te aconseja no hacer. Sigue tu conciencia y te despertarás cada mañana con un mayor respeto por ti mismo. Desobedece a tu conciencia y las semillas del arrepentimiento y el desencanto comenzarán a brotar. Como escribió William Penn: *«Confía solo en ti mismo y nadie te traicionará»*.

También debes respetarte lo suficiente como para alejarte de cualquier cosa, o persona, que ya no te renueve, te ayude a crecer o te haga feliz. Por supuesto, esto no significa que debas huir de tus responsabilidades (especialmente las parentales) o de tus relaciones simplemente porque no eres feliz o no sientes que estés creciendo. De hecho, el crecimiento personal vendrá de cómo superes esas situaciones.

Por otro lado, como señala Zig Ziglar, *«la vida es demasiado corta para dedicar tu valioso tiempo a intentar convencer a una persona que quiere vivir en la tristeza y la fatalidad». Dale a esa persona lo mejor de ti, pero no te quedes tanto tiempo como para que su mala actitud te arrastre. En cambio, «rodéate de gente optimista»*.

Respetarte a ti mismo también incluye limitar el daño que le causas a tu cuerpo por comer en exceso, por el alcohol, por las drogas y por tus patrones de sueño.

Aceptación

Los cuatro pilares de la mentalidad Humony se mantienen unidos por el pegamento de la aceptación, que incluye la aceptación de:

- Tú mismo, como ser humano en evolución, con una mentalidad de crecimiento.
- Los demás y sus perspectivas, opiniones, puntos de vista y comportamientos (nota: la aceptación no significa estar de acuerdo con ellos, sino simplemente aceptar que forman parte de su personalidad única y particular).
- Situaciones y acontecimientos, especialmente aquellos que no puedes controlar ni influir en (ni ahora ni nunca).

Una de las razones por las que las personas no practican la aceptación total es que hay demasiadas cosas que chocan con sus perspectivas y opiniones sobre «cómo deberían ser las cosas». Aceptar a las personas, las cosas, los acontecimientos y las situaciones con las que no estamos de acuerdo, o que nos parecen abominables, es muy difícil. Es más fácil quejarse y lamentarse de ello ante cualquiera dispuesto a escuchar, pero eso solo aporta más negatividad, estrés y ansiedad a sus vidas.

Pero para vivir en un mundo inclusivo y crear más paz, debemos aprender a tolerar los valores y creencias de los demás que chocan con los nuestros. Debemos aprender a aceptar y respetar a las personas que tienen estas creencias y valores como seres humanos dignos de nuestra aceptación y respeto.

También ayuda a aprender sobre otras creencias y valores, especialmente aquellos que no son congruentes con los nuestros. Esa apertura conduce a la comprensión. Al hacerlo, hay que darse cuenta de que buscar comprender no equivale a aceptar o estar de acuerdo. Sin embargo, ayuda a aceptar al individuo, aunque no se acepte o se esté de acuerdo con sus creencias y valores. Se les acepta a ellos y su derecho a sus creencias y valores.

Aquí hay siete pensamientos sobre la práctica de la aceptación:

1) Céntrate en lo que puedes controlar, no en lo que no puedes.
2) Céntrate en lo positivo, no en lo negativo.
3) Céntrate en lo que puedes hacer, no en lo que no puedes.
4) Céntrate en lo que tienes, no en lo que no tienes.
5) Céntrate en el presente, no en el pasado ni en el futuro.
6) Céntrate en lo que necesitas, no en lo que quieres.
7) Céntrate en lo que puedes dar, no en lo que puedes recibir.

Cuando aceptas plenamente a los demás, debes aceptar:

- Quiénes son (de verdad y auténticamente).
- ¿Dónde se encuentran en su camino espiritual y humano?
- Que no sabes ni comprendes todo lo que les afecta (y probablemente nunca lo harás).
- Que no sabes por qué reaccionan o responden como lo hacen.
- Que no conoces las presiones a las que se enfrentan (a menudo presiones autoinfligidas debido a preocupaciones, inquietudes y ansiedades).

Combinar la comprensión con la compasión y la ausencia de juicios crea y da como resultado una mentalidad de aceptación. Esta mentalidad impulsará tus interacciones con los demás. Parte integrante de esta mentalidad de aceptación incluye:

1. Aceptar y enterrar el deseo de cambiarlos.
2. Centrarse en los aspectos positivos que le gustan o le encantan de ellos. Aprovechar estos aspectos positivos para crear pensamientos de comprensión y aceptación. Aprender a apreciar estos atributos, ya que sin duda ayudan a construir y reforzar los rasgos positivos que usted ve en ellos.
3. Comprométete a encontrar un lugar de paz, incluyendo:
    - Interacciones pacíficas con los demás.
    - Practicar el desapego hacia las acciones que normalmente te enfadan.
    - Reformular la perspectiva hostil.
    - No tener interacciones interpersonales negativas (ser amable y compasivo).
    - No juzgar a los demás ni expresar juicios.
    - No hagas comentarios sarcásticos a nadie.
    - No menosprecies abiertamente a nadie ni a nada.
4. Recuerda que las personas son una mezcla de cosas buenas y malas. Al igual que muchas de las actividades gratificantes de la vida (la crianza de los hijos, por ejemplo), las relaciones con los demás siempre se caracterizarán por

una mezcla de sentimientos positivos, negativos y neutros.

No se trata de cambiar o convencer a los demás para que cambien. El único cambio necesario es tu mentalidad y tu disposición a aceptar sus rasgos y comportamientos con comprensión, compasión y amabilidad o amor (dependiendo de la relación). La aceptación crea un mejor clima emocional tanto para ti como para ellos.

Sí, sus acciones pueden atacar tus conceptos de justicia y juego limpio. Por ejemplo, cuando alguien se te adelanta cuando no es su turno. Las normas sociales dicen que deben esperar su turno. Pero no lo hacen. A partir de ahora, saluda con la mano y déjalos pasar. El coste para ti es de 3 a 12 segundos.

Por otro lado, el coste puede ser un aumento de la presión arterial, pensamientos de enfado y tensión corporal innecesaria, por lo que es, en esencia, un encuentro transaccional con alguien con quien es poco probable que vuelvas a interactuar. Sin duda, esto último no compensa el coste mental y físico para tu mente, tus emociones y tu cuerpo. Lo más amable es dejarles incorporarse y seguir adelante, y luego felicitar a tu ego por proteger tu bienestar mental y físico.

Este tipo de aceptación se basa en la empatía, la compasión y la amabilidad. Al fin y al cabo, no tienes ni idea de las tensiones, presiones o ansiedades a las que se enfrentan. Sí, podrían ser egocéntricos y groseros. Pero es mejor darles el beneficio de la duda. Además, la próxima vez que tengas prisa, quizá alguien sea tan amable de hacerte un gesto con la mano y dejarte pasar.

Hay otra ventaja en la mentalidad de aceptación. Según el neurocientífico de la Universidad de Stanford Jamil Zaki, en su libro *The War for Kindness*, el poder de la empatía mejora la conexión con la persona que es aceptada a través de la comprensión. También beneficia a la persona que la expresa, ya que señalar la aceptación mejora nuestro sentido colectivo de pertenencia. La empatía aporta más energía a ambas partes.

Somos seres complejos, incapaces de alcanzar la perfección. ¿O somos seres complejos y perfectos? ¿Nuestros defectos percibidos respaldan perfectamente nuestras cualidades percibidas? Por ejemplo, yo soy una persona sensible. Sensible a las críticas y los comentarios hirientes, pero también sensible a los sentimientos de los demás. A veces, esto puede hacer que no sea muy agradable estar conmigo, especialmente si me pongo de mal humor y me retraigo. Sin embargo, esta sensibilidad puede ser la causa de mi apasionada búsqueda por convertirme en el mejor escritor que puedo ser. Y sin duda me permite empatizar y ver mejor las perspectivas de otras personas, que son sin duda dos de mis rasgos más positivos.

Quizás debamos dejar de pensar en nuestras características como positivas o negativas y simplemente aceptarlas. Todas ellas están unidas entre sí, creando una personalidad muy cohesionada y nuestra singularidad individual. Quizás deberíamos evaluar este aspecto individual del carácter desde un punto de vista más neutral: ¿mejoran nuestro crecimiento personal, refuerzan nuestros otros atributos y nos ayudan a tener relaciones mejores, más sólidas y más significativas con otros seres humanos?

Cuando nuestra autoevaluación registra una puntuación de «no» o «no en la medida en que me gustaría», es el momento de reconciliar por qué y crear un impulso para mejorar o perfeccionar esa área. No es de extrañar, que las causas fundamentales de estas áreas de mejora sean los deseos y gustos del ego (véase el capítulo *«Deseos impulsados por el ego frente a búsquedas de la mentalidad Humony»*).

Los pensamientos negativos no conducen al crecimiento a menos que vayan seguidos de pensamientos del tipo «¿Cómo puedo aprender y crecer a partir de ese pensamiento?». Eres humano. Tendrás pensamientos negativos y, en ocasiones, reaccionarás ante personas, acontecimientos y situaciones. La clave está en reflexionar sobre qué ha desencadenado esos pensamientos o reacciones y qué puedes hacer para reducir su frecuencia.

Armonía

Alcanzarás una mayor armonía en tu vida una vez que combines los cuatro pilares de la mentalidad Humony con la aceptación.

A menudo se ha identificado el amor como el verdadero propósito de la vida. Aunque no descarto esta idea, también sugiero que la armonía, definida como una coexistencia pacífica, respetuosa, sin dramas y sin conflictos con los demás seres humanos, debería ocupar un lugar destacado en la lista de las metas más importantes de la vida.

Armonizar tu vida tiene que ver con el equilibrio, no con el equilibrio. No se trata del equilibrio entre la vida y el trabajo. Se trata de entrelazar todos los aspectos de tu vida (profesionales, personales, físicos, emocionales, mentales y espirituales). El balance implica concesiones. Renunciar a algo para tener otra cosa. Sacrificar un área de tu vida para ganar otra cosa.

La armonía consiste en reunir todos los componentes de tu vida, como mezclar los ingredientes para hacer pan o magdalenas caseras. Los productos horneados no deben introducirse en el horno hasta que estén completamente mezclados. De lo contrario, no crecerán ni se cocerán correctamente. Lo mismo se aplica a ti. Tienes que salir al mundo con todos los aspectos de tu vida combinados en un paquete armonizado y holístico. Es entonces cuando crecerás.

Esto te permite pasar fácilmente de una actividad o responsabilidad a otra sin quejarte de que algo esté fuera de lugar. Al hacerlo, no hay «perturbaciones en la fuerza». No se trata de concesiones. Se trata de entrelazar todos los aspectos de tu vida.

Tú eres el creador y director de tu vida. Esto requiere que seas el director de orquesta que afina los detalles para construir y mantener la armonía (no el equilibrio).

La armonía implica agilidad y resiliencia cada vez que algo o alguien intenta desequilibrarte. Con una mentalidad Humony, es más probable que respondas (no reacciones) sabiendo que no debes preocuparte por las cosas pequeñas y que casi todo son cosas pequeñas (especialmente desde una perspectiva a largo plazo). Una mentalidad Humony también te ayuda a saber que incluso los grandes obstáculos, eventos y situaciones se reducirán y disolverán cuando se responda adecuadamente, en lugar de empeorar con reacciones emocionales y arrebatos.

Las personas en armonía dejan que las cosas fluyan, como el agua por el lomo de un pato. No se alteran por noticias o acontecimientos inesperados. Cuando algo o alguien les desequilibra, rápidamente vuelven a alinearse en armonía, a menudo de forma automática y sin pensar conscientemente. Se recuperan rápidamente, como una goma elástica que no se ha estirado en exceso.

Una vida armonizada reduce el estrés, aumenta la felicidad y genera inmensos niveles de gratitud. Es una vida envuelta y rodeada de un escudo de paz. La vida ya no se siente como un intento interminable de pastorear gatos.

Vivir en paz y armonía. Abrazar la esperanza de un futuro mejor y de mejores trayectorias vitales para todos. Con un amor interconectado por la humanidad. ¿Demasiado utópico? No hay nada malo en desear la utopía. Especialmente porque esta utopía es universalmente alcanzable para aquellos que tienen una mentalidad Humony.

La armonía es como el buceo. La mejor manera de bucear es ir despacio y observar la belleza submarina. Los buceadores rara vez tienen un destino en mente, salvo quizás dar vueltas alrededor de un arrecife concreto y descender hasta una profundidad determinada. El buceo es lento, con frecuentes paradas para observar y absorber las maravillas del mundo submarino. Los buceadores registran en sus diarios de buceo lo que ven y sienten.

La mayoría de las personas viven sus vidas como esquiadores de descenso: van tan rápido como pueden y luego vuelven a subir la montaña, con dificultad, para afrontar otra tarea o pista. Como mucho, los esquiadores registran sus tiempos y sus velocidades de descenso. Tienen dos destinos en mente: la parte inferior de la colina y la parte superior de la pendiente.

Sí, los esquiadores pueden tachar muchos elementos de sus listas de tareas pendientes. Los buceadores tienen una experiencia más agradable, recompensada por una mayor conexión con la vida, el esplendor y la magnificencia de su experiencia mundana.

La armonía también surge de estar satisfecho con el viaje de tu vida. Hiciste lo mejor que pudiste con los recursos que tenías en ese momento. Las decisiones que tomaste, en general, fueron buenas. No perfectas, pero buenas. Las ventajas del viaje de tu vida superan las desventajas, aunque, sin duda, hubo muchas de ambas.

Como dijo Confucio: *«La vida es realmente sencilla, pero insistimos en complicarla»*. Una mentalidad Humony recupera la simplicidad de la vida centrándose en lo que es verdaderamente importante, incluida la necesidad de que todos aumentemos la paz y mostremos compasión, amabilidad y respeto hacia todos los demás seres humanos.

Haz tu vida más sencilla. Adopta una mentalidad Humony. Sé Humony.

Sin valentía, no podemos practicar
ninguna otra virtud con coherencia.
No podemos ser amables, sinceros, misericordiosos,
generosos ni honestos.
Maya Angelou

Las cosas que haces por ti mismo
desaparecen cuando tú desapareces,
pero las cosas que haces por los demás
permanecen como tu legado.
Kalu Ndukwe Kalu

Nos ganamos la vida con lo que obtenemos,
pero construimos una vida con lo que damos.
Winston Churchill

Serás más feliz y estarás más satisfecho contigo mismo,
y tendrás más paz
cuando le des paz a alguien desde tu corazón
en lugar de una parte de tu mente.
Steven Howard

CAPÍTULO 5

Alcanzar una mentalidad armoniosa

No necesitamos magia para transformar nuestro mundo.
Llevamos todo el poder que necesitamos
en nuestro interior.
Tenemos el poder de imaginar un mundo mejor.
JK Rowling

Nuestros estados emocionales y sociales están estrechamente relacionados, ya que el lado emocional de tu vida estará creado, desarrollado y perturbado principalmente (aunque no exclusivamente) por tus relaciones con los demás.

Ser incapaz de percibir los verdaderos sentimientos cuando surgen te deja a merced. Hay una diferencia crucial entre estar atrapado en un sentimiento y ser consciente de que un sentimiento está a punto de arrollarte, lo que Daniel Goleman, autor de *Inteligencia emocional*, denomina acertadamente «secuestro emocional».

Como señala Goleman, el autocontrol emocional, como retrasar la gratificación y reprimir la impulsividad, a menudo conduce a mayores éxitos y mejores resultados.

La autoobservación y la atención continua a tus sentimientos, emociones y pensamientos son cruciales para tu desarrollo personal en el viaje, a medida que alcanzas una mentalidad Humony. A través de estas observaciones, identificarás tus puntos fuertes, las áreas en las que debes mejorar y las técnicas para lograr un mayor autocontrol.

George Gurdjieff, autor y maestro espiritual de principios del siglo XX, escribió: *«La autoobservación lleva al hombre a darse cuenta de la necesidad de un cambio personal». Y al observarse a sí mismo, el hombre se da cuenta de que la autoobservación, en sí misma, provoca ciertos cambios en sus procesos internos. Empieza a comprender que la autoobservación es un instrumento de cambio personal, un medio para despertar»*.

Cuando despiertas a tu verdadero yo, cambias tu destino y tomas el control de tu vida con ambas manos, firmemente agarradas al volante. Tus sueños se convierten en realidad. Tus elecciones se basarán en satisfacer tus necesidades más importantes, lo que te llevará a lo que el psicólogo Abraham Maslow describió como «autorrealización».

«El hombre debe ser obediente a los impulsos de su corazón más íntimo», escribió Robertson Davies, uno de los hombres de letras más distinguidos de Canadá. El primer paso es tener

una conciencia clara de lo que más resuena en tu corazón más íntimo.

Como escribió Maslow: *«Un músico debe hacer música, un artista debe pintar, un poeta debe escribir, si quiere estar en paz consigo mismo»*.

Haz lo que te hace feliz y lo que despierta la pasión en tu interior, y entonces estarás más en paz contigo mismo.

O, como dijo George Bernard Shaw: *«La vida no consiste en encontrarse a uno mismo. La vida consiste en crearse a uno mismo»*. Y, como escribió el actor y dramaturgo estadounidense Harvey Fierstein, es fundamental *«no aceptar la definición que nadie haga de tu vida, sino definirte a ti mismo»*.

Según el filósofo francés Maurice Merleau-Ponty, *«nuestra experiencia está llena de enigmas y contradicciones». Nuestras suposiciones cotidianas nos impiden ver estos enigmas y contradicciones. Debemos dejar de lado nuestras suposiciones cotidianas y volver a aprender a mirar nuestras experiencias. Para ver el mundo, debemos romper con nuestra aceptación familiar del mismo»*.

Para romper con esta familiaridad, empezamos por mirar dentro de nosotros mismos. Sin duda, alcanzar una mentalidad Humony requiere un proceso interminable de autodescubrimiento.

Se alcanza una mentalidad Humony a través de cuatro impulsores clave e integrados que crean un yo auténtico:

- Autoconciencia

- Autocomprensión
- Reflexión
- Mentalidad sin prejuicios

Autoconciencia

Todo comienza con la autoconciencia. Sin duda, la mejor frase de dos palabras de la historia fue escrita sobre el Templo de Apolo en Delfos, Grecia: «Conócete a ti mismo». Como afirmó Maslow, *«lo que es necesario para cambiar a una persona es cambiar su conciencia de sí misma».*

La autoconciencia es un sentido agudizado de atención continua a los propios sentimientos, emociones y pensamientos. La autocomprensión es ser consciente de los propios pensamientos sobre los sentimientos, emociones y creencias, y del impacto que estos tienen en las acciones contempladas, intencionadas o reales. Cuando se combinan e integran, estos elementos conducen a la autodefinición.

La autoconciencia no consiste en mirar profundamente en la cámara interna de los secretos y motivaciones ocultas de uno mismo para descubrir «su verdadero yo». Cuando se hace correctamente, es todo lo contrario. Debe implicar una autoobservación abierta, honesta, sincera y continua de lo que le impulsa a actuar, a pensar y a sentir las emociones que brotan en su interior.

Confucio describió el proceso así: *«Aprendemos la sabiduría mediante tres métodos: primero, mediante la reflexión, que es el más noble; segundo, mediante la imitación, que es el más fácil; y tercero, mediante la experiencia, que es el más amargo».*

Las personas con un alto nivel de autoconciencia tienen una comprensión clara y definida de sus fortalezas y debilidades, y una sensibilidad elevada para observar lo que les motiva, desmotiva, satisface, deleita, molesta y enfada.

Con una sólida conciencia de uno mismo, multiplicas tu predisposición a buscar las oportunidades adecuadas para ti (aprovechando tus fortalezas, valores y tácticas de motivación interna) y minimizas el riesgo de emprender actividades que puedan tener resultados insatisfactorios o perjudiciales.

El yo se compone de cuatro partes: mental, física, emocional y espiritual. Es fundamental ser plenamente consciente de las cuatro de forma constante.

Es fácil ser consciente de tu cuerpo y tus funciones corporales. Por ejemplo, es probable que seas hábil en la propiocepción, la conciencia de tu cuerpo en el espacio que te rodea. También tienes una sensibilidad innata para ser consciente de las sensaciones físicas de tu cuerpo, como el ritmo cardíaco, el dolor, la tensión, la relajación, el hormigueo, los dolores y las náuseas.

Además, dedicas todas tus horas conscientes e incluso algunas horas de sueño a escuchar la charla incesante de tu mente. Tu mente nunca deja de correr; nunca deja de hablarte. Por supuesto, hay momentos en los que una mente tranquila sería una bendición absoluta. Desgraciadamente, a menos que seas un experto en meditación, esto no es posible.

Debido al enorme esfuerzo que requiere, la tarea más difícil y reveladora es ser plenamente consciente de tus emociones y tu espíritu, ya que estos forman ese yo interior que constituye el núcleo de tu universo personal.

Al afrontar este reto, te espera una vida más significativa.

La mente y el espíritu están en constante lucha por tu cuerpo (y, por lo tanto, por lo que probablemente consideras que eres tú mismo). La mente intenta «convencerte» de que hagas cosas con lo que parecen ser «argumentos racionales». El espíritu contrarresta con «corazonadas» o arrebatos emocionales para salirse con la suya. Ninguno de los dos siempre tiene la razón ni siempre está equivocado.

Cuando puedes verte a ti mismo como si estuvieras viendo una película de realidad sobre ti mismo (es decir, no en un sueño, sino como si estuvieras fuera de tu cuerpo), esa es la perspectiva del espíritu. Como defendió Sri Ramana Maharshi: *«La mente volcada hacia dentro es el Ser; volcada hacia fuera se convierte en el ego y en todo el mundo»*.

Muy pocas personas se detienen a considerar quiénes son realmente o quiénes podrían ser. La mayoría parece demasiado preocupada por proyectar una imagen de sí misma al mundo que la rodea y luego se esfuerza por mantener esa imagen inventada (y a veces artificial).

Hace años, San Agustín escribió: *«La gente viaja para maravillarse de la altura de las montañas, de las enormes olas del mar, de los largos cursos de los ríos, de la vasta extensión del océano, del movimiento circular de las estrellas;*

y pasa por delante de sí misma sin maravillarse». Sin duda, esto es más cierto hoy que en su época, hace unos 16 siglos. Y si es cierto para ti, no tienes por qué seguirlo. Inculcar una mentalidad Humony te ayudará a dejar de pasar de largo.

Por supuesto, la conciencia de uno mismo es solo uno de los pilares que sientan las bases de un yo mejorado y auténtico. En palabras de Lord Tennyson: «*La reverencia por uno mismo, el conocimiento de uno mismo y el autocontrol: solo estos tres conducen al poder soberano*».

Tu conciencia y tu autoconciencia

Tu conciencia desempeña un papel clave en tu búsqueda de la autoconciencia. Algunos podrían equiparar la conciencia con la autoconciencia, pero son dos aspectos distintos del yo interior. La autoconciencia es ser consciente de tus sentimientos, emociones y pensamientos, mientras que tu conciencia los evalúa y les asigna puntuaciones o valores juiciosos.

Por ejemplo, es posible que quieras llorar por algo que ha sucedido. Tu capacidad de autoconciencia te ayudará a identificar todas las emociones, pensamientos y sentimientos que provocan que las lágrimas estén a punto de brotar (una respuesta física a tus componentes mentales, emocionales y espirituales). Por otro lado, tu conciencia te dirá, de forma crítica, si llorar en este caso es correcto o incorrecto, apropiado o inapropiado, si el llanto debe producirse en público o en privado, y cuál es el tiempo «correcto» que se permite para derramar lágrimas.

En muchos sentidos, una fuerte conciencia de uno mismo (y una fuerte comprensión de uno mismo) requiere mantener la conciencia bajo control para que los verdaderos sentimientos, emociones y pensamientos puedan aflorar sin obstáculos. Después de todo, si quieres llorar, adelante, llora. ¿Por qué debería tu conciencia impedirte experimentar un sentimiento íntimo? De hecho, tales inhibiciones pueden perjudicar el pleno desarrollo de tu espíritu (es decir, tu verdadero yo).

Stephen R. Covey, el legendario autor de *Los siete hábitos de la gente altamente efectiva*, escribió en su obra posterior *Primero lo primero*: «*Uno de los usos más poderosos de la conciencia de uno mismo es tomar conciencia de la conciencia y de cómo funciona dentro de nosotros*».

Como dice el proverbio polaco, «*la conciencia es la voz del alma*». Y, en la mayoría de los casos, querrás escuchar esa voz.

Pero, por desgracia, tu conciencia también está formada por las lecciones que te han enseñado tus padres y profesores, las normas sociales y las costumbres, normas y prácticas culturales en las que te has criado.

Como resultado, tu verdadera conciencia (esa verdadera voz de tu alma) a veces entrará en conflicto con la que ha sido moldeada por estas otras influencias externas. Es entonces cuando sabes (en lo más profundo de tu ser) que algo está mal o fuera de lugar, aunque no puedas evitarlo ni cambiarlo.

Cuanto más en sintonía estés con tu yo interior y más cerca estés de impulsarte hacia la autorrealización (consulta la jerarquía de necesidades de Abraham Maslow), menos probable será que comprometas tus principios o pisotees tus valores.

La vergüenza, uno de los peores sentimientos personales, surge del miedo o de la constatación de que las acciones de uno no han estado en consonancia con su verdadero yo. No temas no estar a la altura de las expectativas (o de las reglas) de los demás. Es poco probable que sus reglas y expectativas impulsen sus sueños y deseos. En cambio, teme no estar a la altura de tus propias expectativas o de tus principios, valores, moral, reglas y ética.

Aquí hay dos citas de Marco Aurelio, emperador romano del siglo II, que refuerzan estos dos últimos puntos:

> *Puedes cambiar tus creencias para que impulsen tus sueños y deseos. Crea una sólida creencia en ti mismo y en lo que quieres.*
>
> *Quien vive en armonía consigo mismo vive en armonía con el universo.*

El lado oscuro de la conciencia de uno mismo

La otra cara de la moneda de la autoconciencia es que ninguno de nosotros es perfecto ni se acerca a la perfección. Esto significa que practicar la autoconciencia nos revelará las numerosas imperfecciones, inconsistencias, contradicciones y tendencias dañinas que forman parte inherente de la composición de nuestros seres sensibles.

Desgraciadamente, como escribió M. Basil Pennington, monje trapense y sacerdote que escribió más de 60 libros en la segunda mitad del siglo XX:

> *Al vernos tal como somos realmente, no todo lo*

> *que vemos es bello ni atractivo. Sin duda, esta es una de las razones por las que huimos del silencio. No queremos enfrentarnos a nuestra hipocresía, a nuestra falsedad. Vemos lo falso y frágil que es el yo falso que proyectamos. Tenemos que pasar por esta dolorosa experiencia para llegar a nuestro verdadero yo.*

Recuerda que cuando ves tu lado oscuro, es como mirar el lado oscuro de La Fuerza tal y como se describe en la serie *Star Wars*. Ser consciente de tu lado oscuro, de tus debilidades humanas y de todos los demás aspectos negativos de tu carácter, es el primer paso para superarlos.

Por supuesto, superar cualquier debilidad personal es una sensación particularmente gratificante y satisfactoria, una de las mayores fuentes de autoestima que encontrarás. Aristóteles acertó cuando escribió: *«Considero más valiente al que vence sus deseos que al que vence a sus enemigos, pues la victoria más difícil es la que se obtiene sobre uno mismo»*.

Aquellos que no ganan la batalla contra sí mismos se convierten en almas perdidas, vacías de autoconocimiento y comprensión, y por lo tanto, de las pasiones que hacen que la vida valga la pena.

Conocer tus defectos, fallos y debilidades es el primer paso para cambiarlos. Es tu elección: puedes controlarlos o dejar que ellos te controlen.

Del mismo modo, puedes seguir mostrando tus defectos y fallos y sufrir las consecuencias. O puedes tomar medidas para cambiar. Como dijo Jim Rohn: *«A menos que cambies tu forma de ser, siempre tendrás lo que tienes»*.

Rohn también dio este buen consejo: *«Debes asumir tu responsabilidad personal. No puedes cambiar las circunstancias, las estaciones o el viento, pero puedes cambiarte a ti mismo. Eso es algo de lo que tú te encargas»*.

Autoconocimiento

La conciencia de uno mismo es como meter el pie en un lago para ver lo fría que está el agua. La autocomprensión es sumergirse en el lago para ver lo profundo que es.

El antiguo filósofo chino Lao-Tzu daba gran importancia al autoconocimiento. Escribió: *«El que conoce a los demás es erudito; el que se conoce a sí mismo es sabio»*.

El autoconocimiento te permite sondear las profundidades de tu espíritu y descubrir sorpresas sobre ti mismo. Probablemente aprenderás mucho más de lo que esperabas, incluyendo lecciones sobre la vida, la espiritualidad, las demás personas, el amor, la fe y muchos otros temas.

Paulo Coelho escribió: *«Cuanto más te comprendas a ti mismo, más comprenderás el mundo»*. Siglos antes, Aristóteles dijo a sus seguidores: *«Conocerse a uno mismo es el principio de toda sabiduría»*. Lamentablemente, la mayoría de las personas no comprenden la relación entre el autoconocimiento y la sabiduría universal.

La industria de la autoayuda ha producido una gran cantidad de libros, cintas, vídeos, CD, DVD, seminarios web y programas en directo. La base del movimiento de autoayuda se estableció con estas palabras del psicólogo estadounidense del siglo XIX William James: *«El descubrimiento más importante de mi generación es que las personas pueden cambiar sus vidas cambiando sus mentes»*.

Desde entonces, autoproclamados gurús, personalidades y líderes del sector han intentado ayudar a las personas a cambiar su forma de pensar mediante «ajustes de actitud» y «pensamiento positivo». Por desgracia, la mayoría no ha sabido enseñar a sus seguidores que, antes de poner en práctica sus programas y consejos, es necesario comprenderse a uno mismo para que la mente y el espíritu no estén en conflicto constante.

Quizás esto se deba a que el camino hacia la conciencia y el conocimiento de uno mismo es difícil y largo. Como escribió Miguel de Cervantes: *«Ocúpate de conocerte a ti mismo, que es la lección más difícil del mundo»*.

Los diversos escritores, conferenciantes y productos de la industria de la autoayuda tienen un tema en común: todo el mundo puede y debe asumir la responsabilidad de cambiar y construir su vida. Es un gran comienzo, pero la mayoría de sus estrategias e ideas carecían de orientación para ayudar a los estudiantes y lectores a comprender y aceptar su verdadero yo interior.

Han sido excelentes para ayudar a las personas a mejorar su autoimagen, construir egos más fuertes, identificar formas de motivarse y diseñar estrategias para alcanzar sus metas personales. Sin embargo, por lo general no proporcionaban las herramientas y estrategias necesarias para desarrollar una mejor relación con el yo interior y comprenderlo más profundamente.

Como escribió el Dr. David Simon, cofundador del Chopra Center: *«La imagen de uno mismo, o el ego, es lo que consideramos verdadero sobre nosotros mismos y lo que queremos que los demás crean sobre nosotros». La mayoría de las personas cree que es su imagen de sí mismas y, por lo tanto, se esfuerzan diligentemente por protegerla. En defensa de nuestra imagen, encarcelamos nuestro espíritu».*

La comprensión de uno mismo le ayudará a ser auténtico y a mantener la autenticidad en sus acciones. Y usted quiere ser auténtico. Según el Dr. Simon:

> *La autenticidad es la alineación entre tus creencias, tus deseos y tus elecciones en el mundo.*

Los deseos cambian a lo largo de la vida, pero la concordancia entre los ideales, las aspiraciones y los actos es clave para una vida de paz, felicidad y éxito. Cuando actúas de una manera que probablemente no satisfaga tus deseos genuinos, experimentas la fricción interna de una vida desalineada.

Los deseos que se alinean con las creencias fundamentales generan acciones poderosas. Al igual que una ola que obtiene fuerza y energía de las profundidades del océano, las acciones conectadas con tu yo auténtico tienen más probabilidades de manifestar tus intenciones.

En su libro *Los diez compromisos*, el Dr. Simon continúa explicando:

> *Las elecciones que están en consonancia con lo que sabemos, sentimos y creemos que es verdad generan una sensación natural de tranquilidad y confianza. Cuando permitimos que las distracciones se interpongan entre nuestros valores fundamentales y las elecciones que tomamos en el mundo, nuestra energía se agota. Estas distracciones se convierten en falsos ídolos que bloquean el acceso a lo divino.*

Los dos principios fundamentales del pensamiento del Dr. Simon sobre la autenticidad son muy claros:

> Ser auténtico significa asumir la responsabilidad de escribir la historia de tu vida.
>
> Comprometerse con la autenticidad significa asumir la responsabilidad de lo que eliges hacer y lo que eliges no hacer.

El capítulo dos de su libro *Los diez compromisos* está dedicado al concepto de «Un compromiso con la autenticidad» y merece la pena leerlo.

Una comprensión más profunda de uno mismo

Por supuesto, no puedes ser auténtico si no sabes quién eres realmente. Ahí es donde entra en juego el autoconocimiento. La autorreflexión es la escuela más extraordinaria a la que jamás asistirás, y lo mejor es que te conviertas en un estudiante de por vida, matriculado en ella.

Howard Gardner, psicólogo de la Escuela de Educación de Harvard, diferenció entre dos tipos de inteligencia personal:

> Inteligencia interpersonal: la capacidad de comprender a otras personas y lo que las motiva.

> Inteligencia intrapersonal: la capacidad interior para formar un modelo preciso, genuino y veraz de uno mismo.

Gardner describió la inteligencia interpersonal básica como la *«capacidad de discernir y responder adecuadamente a los estados de ánimo, temperamentos, motivaciones y deseos de otras personas»*. Describió la inteligencia intrapersonal como la clave para el autoconocimiento, con *«acceso a los propios sentimientos y la capacidad de discriminar entre ellos y recurrir a ellos para guiar el comportamiento»*.

La clave para la verdadera comprensión de uno mismo es ser abierto y honesto en los diálogos reflexivos con uno mismo.

También es importante ignorar lo que los demás dicen de ti. Como escribió el monje trapense Thomas Merton en su libro *No Man Is an Island* (Ningún hombre es una isla): *«Los demás pueden darte un nombre o un número, pero nunca pueden decirte quién eres realmente. Eso es algo que solo tú puedes descubrir desde tu interior»*.

Además, no te obsesiones pensando que tu puesto de trabajo, tus posesiones o cualquier otra cosa con la que te identifiques son tu verdadero yo. En palabras de Eckhart Tolle:

> *Las identificaciones más comunes del ego tienen que ver con las posesiones, el trabajo que realizas, el estatus social y el reconocimiento, el conocimiento y la educación, la apariencia física, las habilidades especiales, las relaciones, la historia personal y familiar, los sistemas de creencias y, a menudo, las identificaciones políticas, nacionalistas, raciales, religiosas y otras identificaciones colectivas.*

Ninguna de estas cosas eres tú.

He aquí un gran consejo de Louise Erdrich, una autora nativa americana de novelas, poesía y libros infantiles superventas: *«Nunca racionalices nada que te parezca incorrecto»*. O, como señaló Mario Cuomo, exgobernador de Nueva York y antiguo candidato a la presidencia: *«Cada vez que he hecho algo que no me parecía correcto, ha acabado siendo incorrecto»*.

Tanto Erdrich como Cuomo reconocen y comprenden la importancia de la autocomprensión, especialmente en la toma de decisiones.

Es muy tentador hacer cosas que no nos parecen correctas, especialmente cuando nadie nos observa. Sin embargo, recuerda que tu espíritu te observa constantemente y te causará dolor cuando no estés a la altura de sus (¡tus!) estándares. Como aconsejó Griffin Bell, ex fiscal general de los Estados Unidos: *«Siempre es mejor pecar por exceso de precaución. Tú y solo tú eres responsable de tu ética»*.

Hacer lo correcto según tus propios estándares es la forma más segura de mantener la autoestima. Y a pesar de lo que digan los demás, no hay absolutamente nada de malo en tener una gran autoestima, incluso cuando ello da lugar al efecto secundario de un ego inflado. Además, nada de lo que aprendas, sepas o tengas vale la pena aprenderlo, saberlo o tenerlo a menos que sepas cómo estar orgulloso de ti mismo.

Por eso la autorrealización se encuentra en la cima de la pirámide de la jerarquía de necesidades de Maslow.

Autoestima

Como escribió el Dr. Nathaniel Branden, psicoterapeuta y escritor canadiense conocido por su trabajo en la psicología de la autoestima: *«Las personas con alta autoestima no se sienten impulsadas a sentirse superiores a los demás; no buscan demostrar su valor comparándose con un estándar comparativo». Su alegría es ser quienes son, no ser mejores que los demás».*

O, por decirlo de otra manera, como ha dicho Nido Qubein: *«Los ganadores comparan sus logros con sus objetivos, mientras que los perdedores comparan sus logros con los de otras personas».*

Otra de las ideas de Branden es que *«la autoestima es la reputación que adquirimos ante nosotros mismos».*

Piénsalo por un momento. Probablemente conozcas tu reputación entre tus amigos, conocidos, compañeros de trabajo y familiares. Pero, ¿cuál es tu reputación contigo mismo y de ti mismo?

La autoestima también aumentará tu autovaloración, un tema con el que probablemente luches en distintos momentos. En la sociedad actual, la autovaloración de una persona suele ser negada y mermada por los demás y, por desgracia, en la mayoría de los casos, por quienes más quieres o aprecias.

Esto hace que el consejo del autor Ralph Marston sea especialmente relevante: *«Si realmente quieres mejorar tu autoestima, deja de permitir que otras personas sean responsables de ella. En su lugar, crea algo de valor. Marca una diferencia positiva».*

Afortunadamente, la autoestima puede desarrollarse a través de estímulos, acciones y pensamientos. Hay mucha verdad en esta cita que circula por Internet, atribuida a alguien llamado Kim Jeffery: *«No valía nada hasta que decidí valer más»*.

Del mismo modo, tus ideas no tienen valor hasta que tú decides cuál es. Del mismo modo, tus acciones no tienen valor hasta que tú decides cuál es. Y así sucesivamente.

La cantante Pearl Bailey lo resumió muy bien: «*Nadie puede determinar tu valor excepto tú mismo*».

Por otro lado, si no consideras que tienes valor, o que tus ideas y acciones tienen valor, estarás imponiendo tus propias limitaciones sobre ellas.

Como escribió Richard Bach, autor de Juan *Salvador Gaviota* y otros libros destacados: *«Defiende tus limitaciones y seguro que serán tuyas»*. Denis Waitley añade: *«Las mayores limitaciones a las que te enfrentarás serán las que te impongas a ti mismo»*.

David Patchell-Evans, autor y experto canadiense en fitness, escribió lo siguiente sobre los programas de ejercicio físico, pero su mensaje tiene connotaciones más amplias para la vida en general:

> *La mayoría de las limitaciones que crees tener son las que tú mismo has decidido. A menudo son totalmente autoimpuestas.*
>
> *Puede que pienses: «No puedo hacer esto, no puedo hacer aquello, nunca haría eso, mis padres nunca podrían hacer eso, nunca he jugado al*

> *béisbol, nunca he escalado una montaña, nunca, nunca, nunca».*
>
> *Es el viejo disco rayado en tu cabeza. ¡Deshazte de ese pensamiento negativo ahora mismo! Aprende a reproducir un mensaje positivo en tu cabeza, porque todo es cuestión de actitud.*

Reflexión

Sé consciente de tus interacciones con los demás. ¿Qué quieres que hagan, piensen o sientan después de interactuar contigo? ¿Qué quieres hacer, pensar o sentir tú después de cada interacción con los demás?

Reflexiona sobre estas interacciones y ajústalas si no se alinean con los cuatro pilares de la mentalidad Humony.

Una estrategia consiste en adoptar la mentalidad Mamba de la superestrella del baloncesto Kobe Bryant, que él describió como «la búsqueda incansable de convertirte en la mejor versión de ti mismo». Es un viaje, no un destino. Progreso, contratiempos, más progreso. Crecer fuera de tu zona de confort. Practica. Practica. Practica hasta que se conviertan en hábitos arraigados y en la base fundamental de tu futuro.

Debes ser intencional en tu búsqueda de alcanzar una mentalidad Humony. Reflexiona al comienzo del día, a mitad del día e incluso por la noche si interactúas con otras personas con estas cinco preguntas:

1. ¿Cómo piensas afrontar este día?
2. ¿Cómo te alineas con los cuatro pilares de la mentalidad Humony?
3. ¿Cómo te recordarás a ti mismo que debes responder, y no reaccionar, a los

acontecimientos, las situaciones y las personas?

4. ¿Cómo vas a poner en práctica el poder de los cinco (véase el capítulo siguiente sobre este concepto)?
5. ¿Cómo vas a ser intencional en tus interacciones con los demás? ¿Qué quieres que cada persona piense, sienta o haga después de estas interacciones? ¿Cuál será la repercusión emocional deseada de cada interacción?

Centrarse en el día de hoy puede ser muy motivador. Para poner las cosas en marcha, concéntrate en unas cuantas acciones clave que respalden y desarrollen tus esfuerzos para adoptar la mentalidad Humony. La adrenalina entra en acción. Los niveles de energía interna se aceleran. Los pensamientos sobre lo que puedes lograr y llevar a cabo hoy se filtrarán. Las emociones positivas se apoderarán de ti.

Si te mueven los objetivos, esta puede ser una forma estupenda de convertir estas preguntas de reflexión en objetivos diarios. Como hábito diario, esto genera impulso. Siete días se convierten en una semana. Más de cuatro semanas se convierten en un mes. Seis meses arrancan dos estaciones del calendario. ¡Ahora estás en camino!

No dejes que hoy sea una oportunidad perdida. Porque se aplica la misma ecuación. Siete días perdidos se convierten silenciosamente en una semana perdida. Más de cuatro semanas equivalen a un mes perdido. De repente, pasa la mitad del año mientras sigues sumido en viejos y malos hábitos y sin lograr el cambio que deseas. Ese no eres tú. Si lo fueras, ¡no estarías leyendo este libro!

Libérate. Recuerda, el coste de tener una mentalidad Humony es cero. El esfuerzo requerido es mínimo. La recompensa es fenomenalmente enorme para ti, para quienes interactúas y para quienes interactúan contigo. Cinco se convierte en 25. Multiplicado de nuevo, obtienes 125 más. De repente, el número total de personas afectadas por tus acciones es 155 (5 + 25 + 125).

Cinco simples acciones de buena voluntad crean 155 o más interacciones humanas positivas, y hasta varios miles, según la fórmula del poder de cinco. Enhorabuena. ¡Has iniciado una reacción en cadena de 155 a 3905 interacciones positivas en este día!

La humonía es un trabajo interno

La humanidad comienza con nosotros. Y la mentalidad Humony comienza dentro de nosotros.

Una vez más, esto significa pasar a una mentalidad centrada en el nosotros y alejarnos de tener solo pensamientos y acciones centrados en el yo. Este importante cambio de mentalidad desplaza nuestro enfoque de «¿qué hay para mí?» (WIIFM) a «¿qué hay para la humanidad?» (WIIFH).

El comercialismo, trabajar duro (fundamento puritano) y ganar dinero no son las únicas cosas importantes en la vida que vale la pena perseguir. También podemos enriquecernos a través del arte, la música, las relaciones, la práctica de la virtud y la ayuda a los demás. Esas son las cosas que importan en la vida.

Individualmente y colectivamente, nosotros (los seres humanos) podemos hacer del mundo un lugar mejor para que lo hereden nuestros hijos y nietos.

Curiosamente, el enfoque y la estrategia de las industrias de la autoayuda y la mejora social se han centrado en dos cosas:

1) Cómo mejorar como persona involucrándose en algo más grande que uno mismo.
2) Cómo y por qué las empresas y organizaciones deben convertirse en entidades benéficas y sociales, con especial énfasis en las cuestiones medioambientales, sociales y de gobernanza corporativa.

Estos dos enfoques se han centrado en mejorar la humanidad desde una perspectiva externa, ya sea a nivel global o nacional.

Humony, como trabajo interno, combina y une estas dos corrientes, centrándose en un enfoque interno e individual. La mejora de la humanidad comienza realmente con nuestras acciones individuales, en particular con la forma en que interactuamos intencionadamente con los demás.

La premisa para vivir con una mentalidad Humony es sencilla:

> *Abordar todas las decisiones de la vida y todas las interacciones con los demás desde la compasión, la amabilidad, la paz y el respeto es la mejor expresión de nuestra capacidad para crear un*

mundo mejor que nuestros hijos y nietos puedan heredar.
Ejercer esta capacidad conduce a una gran satisfacción personal y a la autorrealización (y a menos remordimientos al morir).

¿Cuáles son los mayores males del mundo? La mayoría de las listas incluirían:

- Pobreza
- La agresividad nacional que conduce a amenazas económicas, sanciones o guerras
- El consumo de los recursos naturales a un ritmo extrapolado e insostenible
- Las múltiples divisiones en las sociedades: de género, orientación sexual, raza, religión, etnia y política.
- Prejuicios contra aquellos que «no son como yo»
- Mentalidad de escasez

Muchos de estos problemas pueden solucionarse si, de forma individual y colectiva, cambiamos nuestra forma de pensar y actuar, pasando de los deseos impulsados por el ego individual y la vinculación de nuestros intereses a los grupos con los que nos identificamos, a centrar nuestra atención y nuestras acciones en nuestra interconexión con todos los demás seres humanos.

Empezar es sencillo. Comenzamos siendo humanos, amables, comprensivos y sin juzgar ni a nosotros mismos ni a los demás. Lo hacemos aprovechando el poder personal que hay en cada uno de nosotros para ayudar donde y cuando podamos. Esto requiere que JUGUEMOS A LO GRANDE fuera de nosotros mismos: ayudar A LO GRANDE, amar A LO GRANDE, contribuir A LO GRANDE y SER A LO GRANDE. Podemos hacerlo recurriendo a los motivadores intrínsecos que nos impulsan a actuar.

Motivación intrínseca

Hay dos tipos de motivación que nos impulsan a actuar: la intrínseca y la extrínseca.

La motivación extrínseca proviene de factores o recompensas externos. Se produce cuando nos sentimos impulsados a realizar una tarea o participar en una actividad para obtener una recompensa de los demás o para evitar un castigo o algo negativo que nos pueda suceder. Lo contrario a esto es la motivación intrínseca, que es el impulso de participar en actividades por la satisfacción inherente a ellas y las recompensas personales que nos damos a nosotros mismos. Cuando estamos motivados intrínsecamente, hacemos las cosas porque las encontramos intrínsecamente interesantes, agradables o satisfactorias, no por una recompensa o presión externa.

Como se puede ver, la motivación intrínseca proviene del interior. Está impulsada por el interés personal, los deseos, el disfrute o la sensación de autosatisfacción o de realización personal. Este impulso interno no tiene nada que ver con motivadores extrínsecos positivos como el dinero, el poder, la posición, el reconocimiento o los elogios. Tampoco tiene nada que ver con el deseo de evitar resultados negativos como el castigo, las críticas o la exclusión de grupos o actividades.

Sin duda, los factores motivadores intrínsecos son más poderosos, ya que conducen a:

> Compromiso sostenido: las acciones y actividades impulsadas por la motivación intrínseca son más propensas a mantenerse a lo largo del tiempo, ya que son intrínsecamente satisfactorias.
>
> Mayor calidad del trabajo, innovación y participación: las personas motivadas intrínsecamente suelen esforzarse más tanto en su trabajo como en otras actividades, lo que conduce a una mayor calidad, creatividad e innovación. También tienden a estar más comprometidas, mental y emocionalmente, con sus actividades.
>
> Crecimiento personal y bienestar: la motivación intrínseca está estrechamente relacionada con la realización personal, lo que se traduce en mayor bienestar, autoestima y crecimiento.
>
> Autonomía y sentido de la propiedad: la motivación intrínseca suele implicar un sentido de autonomía y de propiedad sobre las propias acciones, lo que fomenta una conexión más profunda con la tarea o actividad.

A continuación, se enumeran diez de los motivadores intrínsecos más comunes en las personas:

> Autonomía: el deseo de tener control sobre las propias acciones y decisiones.
>
> Dominio: el impulso de mejorar y dominar una habilidad o área de conocimiento.

Propósito: la motivación para hacer algo significativo y contribuir a un propósito o causa más grande que uno mismo.

Curiosidad: el deseo innato de aprender y explorar más cosas.

Pasión: el impulso de participar en actividades que uno ama o le apasionan.

Desafío: el disfrute que se obtiene al superar tareas difíciles o resolver problemas.

Creatividad: el deseo de expresarse de manera creativa, de desarrollar nuevas ideas o de innovar.

Crecimiento personal: la motivación para crecer y desarrollarse continuamente como individuo, tanto en el ámbito profesional como en el personal.

Reconocimiento: la satisfacción interna que se deriva del reconocimiento y de la apreciación de uno mismo por sus propios esfuerzos. No tiene nada que ver con los elogios, las recompensas ni los premios externos.

Conexión: el deseo de construir y mantener relaciones significativas.

No juzgar es la clave para una mentalidad Humony

Cuando se empieza a juzgar, especialmente con prejuicios, los pensamientos refuerzan ese juicio. Casi todos los pensamientos sobre una persona que se ha juzgado servirán para confirmar ese juicio. Cualquier cosa que entre en conflicto con el juicio suele etiquetarse como «excepciones que confirman la regla».

El juicio de los demás limita las posibilidades de conexión. ¿Cuántas veces has encontrado a alguien mejor o diferente de lo que pensabas inicialmente? ¿O qué tienes más en común con alguien de lo que habías imaginado o pensado al principio?

Sugiero que un enfoque mejor consiste en formular hipótesis, no juicios, sobre los demás. A continuación, busca comportamientos, acciones y palabras que confirmen, contrasten y nieguen tu hipótesis.

Una mentalidad sin prejuicios conduce a la paz y a mejores interacciones con los demás.

Es difícil, a veces imposible, apreciar o amar a alguien a quien estás juzgando, ya que la mayoría de los juicios son críticas. ¿Hay algo constructivo en las críticas? Normalmente no.

La fuente del juicio es el ego. Juzgar es un deseo del ego y el resultado de la inseguridad y del papel que desempeña como tu protector.

No juzgar conduce a hacer lo correcto, que a menudo consiste en ayudar a los demás o, simplemente, ser amable y compasivo. A veces, esto también significa dejarles hacer lo que quieren o no criticar ni corregir su forma de actuar. Se puede ganar mucho con una actitud del tipo «Prefiero tener una relación sólida que demostrar que tengo razón».

La amabilidad y la compasión son casi siempre lo correcto para otro ser humano. Hacerlo crea una mejor estela emocional tanto para ellos como para ti. La clave para no juzgar es combinar la comprensión, la compasión y la aceptación de los demás.

¿Qué hay de los juicios positivos? Como «Es tan bueno con los niños». Esto está bien, a menos que se convierta en la base de tu amor o de tu aprecio, porque el amor o el aprecio disminuirá cuando tu juicio cambie. Además, ese tipo de pensamiento suele ser solo una racionalización que intenta equilibrar todos tus juicios negativos sobre la persona.

¿Cómo se puede desarrollar una mentalidad abierta sin parecer frío ni indiferente hacia los demás? No juzgar no es lo mismo que no preocuparse. No juzgar significa aceptar y no etiquetar. Ser intencionalmente imparcial genera confianza y seguridad. Ayuda a superar las preocupaciones del ego.

Deja que el mundo sea. Deja que los demás sean. Es su viaje. No, el tuyo. No puedes arreglar las pequeñas cosas de ellos que te irritan. Déjalos ser. De lo contrario, se convertirán en piedras en tu cerebro.

Esas irritaciones perjudican tu salud y tu paz mental. Esas piedrecitas se convierten en pensamientos molestos que reducen tu capacidad para mantener el control sobre la expresión de tus emociones. En lugar de intentar cambiarlo o hacer que los demás cambien, ignóralo, ríete por dentro y concéntrate en tu paz mental.

Sé pacífico. No te irrites.

Relaciones interpersonales

El deseo de hacer del mundo un lugar mejor se basa en una dicotomía irónica: no intentar cambiar a los demás cambia el mundo para mejor.

¿Cómo amar los comportamientos que odias en otras personas, especialmente las acciones que a menudo atacan nuestro sentido de derecho y nuestra superioridad moral?

Muchos juicios comienzan con la piedrecita en tu cerebro. Tu actitud o disposición negativa hacia ellos influye en tu juicio sobre todo lo que hacen o dicen.

Sé cómo una ostra: utiliza una piedrecita irritante para convertir tu disposición negativa en una perla, centrándote en los puntos positivos de la persona o en los aspectos positivos de la situación (todas las situaciones tienen un aspecto positivo si se aprende de ellas). Se trata de un CAMBIO DE MENTALIDAD.

Convierte las piedras en diamantes. ¿Qué son las piedras?

¿Cuál es esa piedra en tu zapato que causa un conflicto constante en tu vida? ¿La piedra que traquetea en tu cerebro y resurge en los momentos más inoportunos?

Tienes dos opciones: cambiar de zapatos (eliminar a la persona de tu vida) o quitar la piedrecita.

Tus pensamientos sobre la otra persona se convierten en la base de todos los que tendrás después. Es un juicio que se afianza y sigue expandiéndose con cada pensamiento «confirmatorio» que generas.

Convierte el juicio en una hipótesis que estás probando constantemente. ¿Qué acciones respaldan tu hipótesis? ¿Qué acciones la niegan?

Verás que la otra persona es una mezcla compleja y no debe ser encasillada. Los encasillamientos son receptores de juicios. Pon tu juicio en la papelera, no a la persona.

¿Cómo se quita la piedrecita?

Comprende que la piedra no son ellos. Es tu actitud hacia ellos. No puedes cambiarlos. Solo puedes cambiar tu actitud hacia ellos.

Cómo convertir las piedras en diamantes:

1. Comprende que estos rasgos son un componente fundamental de quiénes son. Incluso puede que sean su punto fuerte característico o la forma en que superan sus miedos y ansiedades.
2. Acéptalos con sus peculiaridades y entierra el deseo de cambiarlos.
3. Céntrate en los aspectos positivos que te gustan o te encantan de ellos. Aprovecha estos aspectos positivos para fomentar pensamientos de comprensión y aceptación. Aprende a apreciar estos atributos, ya que, sin duda, ayudan a construir y reforzar los rasgos de carácter que te gustan en ellos.
4. Comprométete con la paz:
    - Interacciones pacíficas con los demás.
    - Practica el desapego respecto de las acciones que normalmente te enfadan.
    - Reformula las perspectivas hostiles.
    - No tengas interacciones interpersonales negativas (sé amable y compasivo).
    - No juzgar a los demás ni emitir juicios.
    - No hagas comentarios sarcásticos ni prepotentes

a nadie.

- No menosprecies a nadie ni nada.

No se trata de cambiarles ni de convencerles de que cambien. El único cambio necesario es tu mentalidad y tu disposición a aceptar sus rasgos y comportamientos con comprensión, compasión y amabilidad o amor (según la relación).

Aceptar crea un mejor estado emocional tanto para ti como para ellos.

Resumen

El mensaje de Humony Mindset es que sí, puedes hacer cualquier cambio que desees, pero esos cambios solo te satisfarán y te harán feliz si se basan en un claro sentido de la conciencia y en la comprensión de ti mismo.

De lo contrario, es como ponerle glaseado a un pastel. Hacerlo no cambia la textura ni el sabor del pastel, solo cambia la experiencia de comerlo al recubrirlo con un aderezo preferido.

En su libro *Zen Bow Zen Arrow*, Awa Kenzo escribe: «*No importa el arte, lo más importante es establecer quién eres realmente. Es decir, pasar del yo egocéntrico al yo absoluto*».

Tu autoimagen es la base de tu autodefinición. Lo que proyectas al mundo y a ti mismo refleja lo bien que te comprendes. Cuanto mejor sea esta comprensión, mayor será tu satisfacción y tu experiencia.

Porque, como dijo el aclamado actor Sir John Gielgud: «*La imagen que uno tiene de sí mismo es muy importante, porque si está en buena forma, entonces puede hacer cualquier cosa, o prácticamente cualquier cosa»*.

Recuerda que no hay nada obvio ni aparente en una oruga que presagie que se convertirá en mariposa. Solo la oruga sabe que va a ser una mariposa. Del mismo modo, solo tú sabes y comprendes lo que puedes llegar a ser o lo que serás.

Como dijo Buda muchas veces, «*Sé una lámpara para ti mismo*» para que tengas la perspicacia y la comprensión de una oruga. Al hacerlo, recuerda siempre las palabras de Henry Wadsworth Longfellow: *«Nos juzgamos a nosotros mismos por lo que nos sentimos capaces de hacer; los demás nos juzgan por lo que hemos hecho»*.

Este planeta es un laboratorio de experiencias y una universidad infinita de aprendizaje potencial para la evolución de nuestros viajes vitales. Utiliza estas experiencias y lecciones para cultivar una comprensión más profunda y rica de ti mismo, y encontrarás un mayor equilibrio y armonía en el espíritu de tu verdadero yo.

Alcanzar una mentalidad Humony nos permite crear nuestras auras de forma intencionada. Nuestras auras son nuestros escudos contra los obstáculos y las barreras que intentan impedir nuestras intenciones. Con auras intencionadas, nuestros pensamientos vibran con las energías del aura que deseamos.

Irradia aura. Sé tú aura. Comparte tu aura.

Vive los cuatro pilares lo mejor que puedas.

Irradia los cuatro pilares y sé el ejemplo que otros quieren seguir e imitar.

Bienvenido a tu nueva mentalidad.

El servicio a los demás es el alquiler que pagas
por tu habitación aquí en la tierra.

Muhammad Ali

La mejor manera de encontrarte a ti mismo
es perderte en el servicio a los demás.
Jean-Paul Sartre

Imagina lo diferente que podría ser nuestro mundo
si todos habláramos con respeto y amabilidad.
Holly Branson

Quizás lo mejor que podemos hacer como seres humanos
es utilizar nuestros dones y talentos
para ayudar a otras personas a descubrir los suyos.
Steven Howard

Capítulo 6

Deseos impulsados por el ego frente a mentalidad Humony

Realiza un acto de bondad al azar,
sin esperar nada a cambio, con la seguridad de saber
de que algún día alguien podría hacer lo mismo por ti.
Princesa Diana

Estamos programados para sobrevivir y el ego es el centro de esta programación, ya que nuestras elecciones y acciones determinan nuestras vidas.

Las acciones tienen consecuencias. Las acciones egocéntricas tienen consecuencias no deseadas, a menudo negativas, para ti y para los demás. Provocan estrés a otras personas. Pueden causar preocupaciones a los demás. Incluso pueden obligar a las personas a situaciones que no les benefician directamente.

Søren Kierkegaard veía las decisiones morales como una elección entre lo hedonista (la gratificación personal) y lo ético.

El filósofo Jeremy Bentham tenía una perspectiva diferente. Postulaba que toda la actividad humana está impulsada por solo dos factores motivadores: el deseo de evitar el dolor y el de perseguir el placer. Ambos son objetivos impulsados por el ego.

Al crear el Óctuple Sendero hacia el Nirvana, que constituye el núcleo del budismo, Siddhartha Gautama describió las Cuatro Nobles Verdades como:

- El sufrimiento es un aspecto universal e inherente a la existencia.
- El deseo es la causa del sufrimiento.
- El sufrimiento puede evitarse eliminando el deseo.
- Seguir el Óctuple Sendero eliminará el deseo.

El Óctuple Sendero era su método para controlar y eliminar los deseos impulsados por el ego. Decía que el mundo del ego es ilusorio y que nuestra identidad personal es transitoria e insustancial. También enseñaba que no existe un «yo» que no forme parte de un todo mayor, o, como él lo llamaba, el «no yo». Nuestro sufrimiento es el resultado de no reconocer esto.

En palabras de Buda: *«Felices son aquellos que han vencido a su ego; felices son aquellos que han alcanzado la paz; felices son aquellos que han encontrado la Verdad»*.

Siglos más tarde, John Stuart Mill argumentó que los placeres intelectuales y espirituales tienen mayor valor que los placeres físicos. Esta es otra interpretación de las Cuatro Nobles Verdades.

El ego

El ego es el aspecto de quien crees que eres. Tu personalidad, impulsada por el ego, se ha desarrollado y refinado desde que naciste. Se ha formado a partir de los rasgos, pensamientos, sesgos y prejuicios que has adquirido a lo largo de tu vida, así como de tus padres, hermanos, profesores, la sociedad, compañeros de trabajo, amigos, amantes y de todas las experiencias que has tenido hasta la fecha. Muchos de ellos son rasgos defensivos, incluidos tus reacciones y creencias, ya que el ego cumple su función principal de protección.

El ego se siente aterrorizado ante cualquier cosa que perciba como una amenaza para su supervivencia (y la tuya). Por ello, se aferra a tantas cosas como puede para asegurarse de que no caerá en el profundo vacío de la separación ni llegará a su fin. Es la razón por la que a la mayoría de las personas les resulta incómodo el cambio. Si el ego se siente cómodo con el statu quo, percibe el cambio como algo arriesgado e indeseable (al menos hasta que se convence de que es para mejor).

El poderoso miedo subyacente, arraigado en el ego, impulsa a las personas a acumular, poseer, aferrarse o desear el control en un intento de aislarse del dolor de la separación y del miedo a dejar de existir.

Desgraciadamente, al ego le gusta ir a lugares oscuros. Evoca escenarios devastadores y luego planea contraataques para ellos. Inventa conversaciones fantásticas con argumentos y contraargumentos imaginarios, ganando siempre con tus argumentos y justificaciones superiores.

Casi ninguno de estos escenarios apocalípticos inventados se materializa. Sin embargo, no aprende que estos ejercicios son intentos inútiles de autoconservación y un desperdicio de capacidad intelectual. Uno se pregunta cuántas células cerebrales son asesinadas por el ego durante estas sesiones de masturbación mental apopléjica.

Además, al producir estrés innecesario, pensamientos suicidas y depresivos, y provocar emociones negativas, el ego genera problemas de salud física, mental y emocional. Así, se convierte en su peor enemigo, ya que estos problemas de salud pueden evolucionar hacia afecciones a largo plazo que acaban con la vida.

¿Por qué el ego se resiste a ofrecer amor a la humanidad? Quiere evitar el riesgo de salir quemado o de que los demás se rían de él. En la sociedad moderna no es socialmente aceptable preocuparse por algo más que por uno mismo, su tribu, su familia, su comunidad o su nación. Pero el cuidado de la nación se basa en una mentalidad «nosotros contra ellos», no en una mentalidad humanitaria. No es verdaderamente inclusivo para todos los ciudadanos o residentes de la nación, y mucho menos para el mundo. Estas actitudes han encadenado y encarcelado al ego, lo que ha dado lugar a una narrativa falsa sobre quiénes somos verdaderamente y profundamente como seres humanos.

Libera y da rienda suelta a tu ego

Si no obtiene satisfacción en otros ámbitos, el ego intenta controlar la narrativa y las decisiones sobre el futuro. Es hora de recuperar este control.

El ego es el mecanismo defensivo que utiliza los cinco sentidos, tus sesgos y prejuicios, y tu mente inconsciente para ayudarte a vivir tu vida sin estar estrechamente conectado con el resto de la humanidad. Es hora de cambiar eso. Es hora de liberar al ego de la responsabilidad de proteger y preservar, y otorgarle nuevas funciones.

El resultado será un mejor flujo de vida y una mayor felicidad. Como dijo Zenón de Citio: *«La felicidad es un buen flujo de vida»*. El ego interrumpe e impide que este buen flujo sea nuestro estado natural.

Por lo tanto, una buena vida es aquella en la que podemos liberarnos del control del ego. Una en la que nos liberamos de los deseos, las emociones y los miedos del ego. Necesitamos liberar al ego de sus deseos y miedos. Debemos disuadir al ego de influir en la mente para generar emociones y pensamientos negativos.

Del ego a la mentalidad Humony

La vida cambia cuando nosotros cambiamos. Nuestro pasado no es igual a nuestro futuro ni lo dicta. Cada uno de nosotros escribe su propio libro de la vida. Somos los autores de nuestro futuro, a menos que permitamos que otros lo escriban.

Tú eres la única persona que puede cambiar algo en tu vida. Nadie más. Otros pueden influir en ti. O persuadirte, amenazarte, coaccionarte o incluso obligarte a cambiar. Pero solo tú tienes el poder de decidir si cambiar y cómo hacerlo.

La vida es una serie de experiencias de aprendizaje. Cada experiencia contiene al menos una lección que puede enriquecer nuestras vidas. Convierte estas experiencias en lecciones sobre la mentalidad Humony. Puedes superar las metas deseadas por el ego mediante estas experiencias de mentalidad Humony. Esto te beneficia a ti y a todos los que te rodean.

A menudo necesitamos recorrer un camino alternativo para alcanzar lo que buscamos. Y debemos recorrer este camino con una nueva mentalidad. La diferencia en la mentalidad es importante, como se observa en el cuadro siguiente. La elección es tuya.

Deseos impulsados por el ego	**Aspiraciones de la mentalidad Humony**
Centrarse en uno mismo	Mayor bien para los demás y la humanidad
Placeres a corto plazo	Resultados sostenidos a largo plazo
Placer/Emoción	Felicidad auténtica
Egoísmo/Sentimiento de derecho	Gratitud, humildad
Ansiedad/miedos/ira moralista	Tranquilidad, resiliencia
Orgullo	Humildad, respeto

Tener razón/juzgar a los demás	No juzgar
Negatividad/cinismo	Positividad/Creencia
Baja energía, especialmente baja energía mental Energía emocional negativa	Entusiasmo, confianza, emoción Tener energía en cada paso
Triunfo y éxito material a toda costa para los demás y el medio ambiente	Armonía

Búsqueda de la mentalidad Humony

Resumiría la columna sobre las metas de Humony Mindset como los cinco principios básicos para vivir una vida decidida y armoniosa:

1. Contribuir a mejorar el mundo para la humanidad actual y para que lo hereden nuestros hijos y nietos.
2. Añadir más paz al mundo.
3. Mostrar compasión y amabilidad hacia todos los seres humanos. Mostrar respeto a todos los seres humanos.
4. Aceptar a todos los demás y las cosas que no se pueden cambiar ni sobre las que se puede influir.
5. Vivir en armonía.

Estos cinco principios fundamentales proporcionan la auténtica felicidad.

Lo más importante es que estos cinco principios se aplican universalmente a todos. Todo lo demás se adapta a tus necesidades particulares: el amor, la espiritualidad, el estado físico, la carrera profesional, la familia, los amigos, la retribución, la crianza de los hijos, las actividades creativas y los proyectos apasionantes. Nadie necesita todas estas otras cosas. Tú tienes la capacidad de elegir cuáles son las más importantes para tu crecimiento personal, tu desarrollo y tu realización.

La mentalidad Humony puede dar la impresión de que las actividades solo benefician a los demás. Pero también te benefician a ti. Por un lado, convierten tu ego en un proveedor en lugar de solo un protector. ¡Nuevo ámbito de trabajo! De jefe protector a codirector ejecutivo. Mayores responsabilidades para el ego. Pero también mayores recompensas intrínsecas. Así que sí, primero los demás, luego tú. Pero entonces tu ego se ve recompensado por destacar en su nuevo papel: ser un proveedor y aumentar tu autoestima, tu respeto por ti mismo y tu autovaloración.

También hacen que tu ego pase de querer y necesitar el reconocimiento y las recompensas externas a estar extasiado y satisfecho con la motivación intrínseca, el reconocimiento propio, el elogio propio y la satisfacción propia. Esto te transporta a ti y a tu ego a la punta de la autorrealización en la pirámide de la jerarquía de necesidades de Maslow. Así que tú ganas. Al igual que tu ego y tu humanidad.

Además, actuar de manera significativa en cosas mayores que tú mismo activa el neurotransmisor dopamina, la llamada sustancia química del «bienestar». La dopamina actúa en áreas del cerebro que producen sentimientos de placer, satisfacción y motivación. Por lo tanto, cuanto más actúes según tus objetivos de mentalidad Humony, más a menudo experimentarás y disfrutarás de estos sentimientos placenteros.

No juzgues cada día por la cosecha que recoges,
sino por las semillas que siembras.
Robert Louis Stevenson

¿Qué sabiduría puedes encontrar que sea mayor que la bondad?
Jean-Jacques Rousseau

Cada persona debe vivir su vida
como un modelo para los demás.
Rosa Parks

Al igual que los cigarrillos son malos para los pulmones,
los medios de comunicación basura y los mensajes basura de las redes sociales
son malos para nuestro cerebro,
nuestra mentalidad y nuestro bienestar mental.
Steven Howard

CAPÍTULO 7

Sé un agente del cambio

Todos y cada uno de vosotros tenéis el poder,
la voluntad y la capacidad
de marcar la diferencia en el mundo
en el que vivís.
Harry Belafonte

¿Qué impacto tendrá en tu vida? ¿En los demás? ¿En la Tierra? ¿En la humanidad? Como dijo el famoso jugador de béisbol Jackie Robinson: *«Una vida solo es significativa por el impacto que tiene en otras vidas»*.

Los seres humanos somos una especie existencial con un poderoso impulso de percibir y creer que nuestros viajes por la vida tienen relevancia y significado. También somos una especie social con un deseo innato de formar y mantener relaciones positivas con otros seres humanos (y, para algunos, con otros animales). Estas dos necesidades están intrínsecamente conectadas, ya que experimentamos el mayor grado de significado cuando marcamos una diferencia positiva en la vida de los demás.

Las personas con un fuerte sentido del propósito de la vida tienden a tener un mayor bienestar físico, mental y emocional. Los estudios demuestran que también son menos vulnerables a problemas de salud mental como la ansiedad, la baja autoestima, la desesperación y la depresión.

Creer en un significado o propósito para la vida en general, y para la propia vida, no es solo un sentimiento etéreo y fantasioso. Es un valioso recurso psicológico de autorregulación y automotivación, con muchos beneficios, entre ellos, ayudar a superar períodos de desánimo personal y problemas de procrastinación.

Tenemos la capacidad (dentro de los límites legales y morales) de moldear nuestro mundo y a nosotros mismos. Continuamente nos enfrentamos a decisiones sobre cómo actuar. Nuestras decisiones crean un modelo de cómo creemos que debería ser la vida humana y nuestra experiencia.

Somos libres de elegir cómo moldearnos a nosotros mismos durante los años que nos quedan. Somos responsables del impacto que nuestras decisiones tienen en nosotros mismos y en nuestra parte del mundo... o incluso en toda la humanidad. No podemos escondernos detrás de las decisiones que tomamos y las acciones que realizamos, ya que estas tienen consecuencias. Afortunadamente, a menudo se nos da la oportunidad de reparar nuestros errores.

Como escribió Carl Gustav Jung: *«Tu visión solo se aclarará cuando puedas mirar dentro de tu propio corazón. Quien mira hacia fuera, sueña; quien mira hacia dentro, despierta»*.

Generosidad y un propósito más grande que uno mismo

Encontrar un propósito en la vida que no sea egocéntrico no siempre es fácil. Sin embargo, como señala Jung, hay que empezar por mirar dentro de uno mismo. ¿Cuál es tu papel en la sociedad? ¿Cómo beneficiará tu vida a la humanidad o a una parte de la raza humana? ¿Qué motivaciones intrínsecas te impulsan a querer marcar la diferencia? Si tuvieras que crear tu legado, ¿cuál sería?

Tres preguntas adicionales para reflexionar:

- ¿Qué estabas haciendo cuando te sentiste más vivo o más apasionado?
- ¿Qué significa para ti la realización personal y la trascendencia?
- ¿Qué podrías hacer para aumentar tu sensación de estar plenamente vivo o tu pasión por marcar la diferencia?

No es el único que se plantea estas preguntas. Casi dos tercios de los encuestados en una encuesta de McKinsey dijeron que la pandemia de COVID-19 los había llevado a reflexionar sobre su propósito en la vida, incluida la reconsideración del tipo de trabajo que realizaban.

Fomentar un fuerte sentido de propósito es muy beneficioso y conduce a un mayor bienestar personal, a la felicidad, a la resiliencia y al compromiso con la vida. Las personas con un fuerte sentido de propósito en la vida tienden a ser más resilientes y a recuperarse mejor de las crisis personales y profesionales.

Cuando aportas algo al mundo que te rodea, es casi imposible centrarte únicamente en tus problemas. Al elevar a las personas que te rodean, tienes menos tiempo para pensar y darle vueltas a lo que no es perfecto ni funciona en tu vida. Como mínimo, esto te ayuda a poner tus problemas y dificultades en perspectiva.

Comprender las verdaderas motivaciones detrás de tus pensamientos y acciones te colocará en una mejor posición para hacer lo correcto (tanto para ti como para los demás) cuando te enfrentes a opciones y alternativas.

Del mismo modo, date cuenta de que la riqueza material y las comodidades no definen quién eres realmente. Tampoco determinarán quiénes son realmente tus hijos. Sí, una infancia cómoda suele conducir a una vida más cómoda en la edad adulta. Nadie discute que es necesario vivir en la pobreza extrema para «encontrar tu verdadero yo». Por otro lado, como dijo Andrew Carnegie, *«el que muere con riqueza muere con vergüenza»*.

Para determinar si sus acciones se alinean con sus valores, pregúntese «por qué» lo hace. ¿Por qué está iniciando ese nuevo proyecto empresarial o creando ese nuevo producto? ¿Para ganar dinero? Está bien. Pero, ¿es eso lo que realmente valora? ¿O es para marcar la diferencia en la vida de las personas? Lo segundo resuena mucho más con la mayoría, ya que se ajusta a sus verdaderos valores.

Las personas que llevan una vida plena suelen tener dos cualidades en común: 1) son optimistas en su visión y enfoque de la vida, y 2) destacan por su generosidad.

¿Qué dan?

Dan dinero a causas y a otras personas en las que creen. Comparten libremente su sabiduría, sus habilidades y las lecciones que han aprendido con quienes están dispuestos a escuchar. Dedican su tiempo a sus comunidades, escuelas, vecinos y a quienes asesoran. Y, por supuesto, aceptan ayudar regularmente cuando se les pide. Pero, en la mayoría de los casos, ofrecen su ayuda antes de que se les pida. Estas personas marcan la diferencia en la vida de los demás y en la suya propia.

El autor Kent Nerburn escribió: *«Da de cualquier forma que puedas, de lo que sea que poseas». Dar es amar. Retener es marchitarse. Preocúpate menos por tu cosecha que por cómo se comparte, y tu vida tendrá sentido y tu corazón tendrá paz».*

El número de personas que no hacen contribuciones benéficas o solo las hacen unas pocas veces al año, a pesar de su evidente riqueza o bienestar financiero, resulta increíblemente sorprendente y extremadamente decepcionante para quienes tienen una mentalidad Humony. Aunque en muchos países existen claras ventajas fiscales al donar a organizaciones benéficas, algunas personas no se sienten motivadas a hacerlo.

Sorprendentemente, algunas personas gastan más dinero en cuidar a sus perros que en alimentar a niños hambrientos, en contribuir a la investigación del cáncer o donar a otras causas que merecen la pena. Al parecer, estas personas nunca han escuchado estas palabras de P. Anthony Ridder, antiguo director ejecutivo del grupo editorial Knight Ridder:

> *Lo fundamental para tener éxito en la vida no es si se tiene éxito económico, sino si se ha dado algo de uno mismo para ayudar a otros menos afortunados y servir a la comunidad y al país.*

En el lado positivo, es difícil no sorprenderse por la abrumadora generosidad de las personas ante los desastres naturales, incluso cuando estos ocurren en lugares remotos y lejanos. Algunos ejemplos son los millones y millones de dólares donados en respuesta a los incendios forestales del Sábado Negro en Victoria, Australia; el tsunami del Boxing Day que azotó las costas del Océano Índico; la destrucción de Nueva Orleans por el huracán Katrina; y los devastadores terremotos en Haití y Japón.

Para cualquiera que tenga una mentalidad Humony, estas palabras de Sir Winston Churchill son, sin duda, ciertas: *«Nos ganamos la vida con lo que obtenemos, pero construimos una vida con lo que damos».*

Sin embargo, no es necesario realizar grandes actos de generosidad o donaciones. Los pequeños gestos cotidianos también contribuyen a hacer del mundo un lugar mejor. Además, como dijo Herm Albright: *«Quizás el mundo no se fije en los pequeños gestos de bondad ni los recuerde durante mucho tiempo, pero las personas sí».*

La generosidad es más que simplemente dar regalos o donar dinero. Como dijo Jim Rohn: *«Uno de los mejores regalos que puedes hacerle a alguien es tu atención»*. El simple hecho de estar ahí para alguien y escucharle, sin criticarle ni juzgarle, es un acto de generosidad que marca la diferencia para esa persona.

Como escribió la escritora Joyce Hifler: *«A menudo pensamos en dar en términos de los regalos que ofrecemos, pero nuestro mayor regalo es nuestro tiempo, nuestra amabilidad e incluso nuestro consuelo para quienes lo necesitan». Consideramos que estas pequeñas cosas no son importantes, hasta que las necesitamos»*.

Si puedes llevar este «estar ahí» un paso más allá, aun mejor. *«El mejor regalo que puedes hacer a alguien es animarlo»*, señaló el poeta estadounidense Sidney Madwed. *«Sin embargo, casi nadie»*, añadió, *«recibe el ánimo que necesita para desarrollar todo su potencial». Si todos recibieran el ánimo que necesitan para crecer, el genio que hay en la mayoría de las personas florecería y el mundo produciría una abundancia más allá de los sueños más descabellados»*.

Benjamin Disraeli, ex primer ministro británico, tenía una opinión similar: *«El mayor bien que puedes hacer por otra persona no es solo compartir tus riquezas, sino revelarle las suyas»*.

Muchas personas creen en lo que Deepak Chopra denomina la Ley del Karma, según la cual cada acción genera una fuerza energética que se vuelve en forma de retribución. No se trata de una creencia New Age, sino de una creencia que existe desde hace siglos, incluida la frase bíblica *«todo lo que siembres, cosecharás»*.

Una creencia común es que «lo que se siembra, se cosecha», un concepto que se describe ingeniosamente en la película *Pay It Forward*. En su libro *Las siete leyes espirituales del éxito*, Chopra escribió: *«Cuando elegimos acciones que aportan felicidad y éxito a los demás, el fruto de nuestro karma es la felicidad y el éxito»*.

No es algo garantizado ni que proporcione una recompensa inmediata, pero, sin duda, parece haber cierta validez en este concepto.

Sin embargo, no debes ser generoso ni amable con alguien solo porque esperas obtener una recompensa futura. Hazlo porque realmente quieres, porque es tu deber y responsabilidad moral, como ser humano, dar a los demás cuando tienes más de lo que necesitas. Corrie ten Boom, una mujer holandesa que ayudó a muchos judíos a escapar de los nazis durante la Segunda Guerra Mundial, dijo maravillosamente: *«La medida de una vida, después de todo, no es su duración, sino su donación»*.

O, como dijo el presidente Woodrow Wilson unas décadas antes: *«No estamos aquí solo para ganarnos la vida. Estamos aquí para enriquecer el mundo»*.

He aquí un pequeño consejo de Zig Ziglar que vale la pena poner en práctica: *«Sé servicial. Cuando veas a una persona sin sonrisa, regálale la tuya».* Hacerlo no resolverá el problema del hambre en el mundo ni traerá la paz global. Pero, de una pequeña manera, marcarás la diferencia para un semejante.

Sé generoso con tus palabras, tu tiempo, tus acciones y tu dinero. Así es como marcas la diferencia en la vida de otras personas. Sé tan generoso como puedas y tan a menudo como puedas. Serás recompensado con el orgullo de ti mismo y el respeto de tus seres queridos.

Como dice la conferenciante Patricia Fripp: *«Nunca se puede ser demasiado amable ni demasiado generoso».*

Retribuir

Vivimos en un mundo gobernado por el interés propio, con líderes (elegidos o no) que han olvidado que su deber es servir a los demás y crear un bien mayor para la mayoría, en lugar de llenarse los bolsillos y los de quienes están confabulados con ellos.

El australiano Ian Berry, fundador de la comunidad Differencemakers, es un gran defensor del interés propio ilustrado, que describe en su libro *Changing What's Normal (Cambiar lo que es normal)* como:

> *El interés propio ilustrado es una filosofía ética que sostiene que las personas que actúan para promover los intereses de los demás (o los intereses del grupo o de los grupos a los que pertenecen) en última instancia sirven a sus propios intereses.*
>
> *A menudo se ha expresado de forma sencilla bajo la creencia de que un individuo, un grupo o*

> *incluso una entidad comercial «obtendrá buenos resultados haciendo el bien».*
>
> *En contraste con el interés propio ilustrado se encuentra la simple codicia o el concepto de «interés propio no ilustrado», según el cual se argumenta que cuando la mayoría o todas las personas actúan de acuerdo con su propio egoísmo miope, el grupo sufre pérdidas como resultado del conflicto, una disminución de la eficiencia debido a la falta de cooperación y el aumento de los gastos que cada individuo paga por la protección de sus propios intereses.*

O, como dijo Zig Ziglar, *«Puedes tener todo lo que quieras en la vida si ayudas a otras personas a conseguir lo que quieren».*

Hay beneficios adicionales. Anteriormente escribí sobre la creciente tendencia a la soledad en todo el mundo. El aislamiento es un problema muy extendido entre muchas personas, especialmente entre los adultos mayores. Lo que puede ayudar es participar en la sociedad y esforzarse por marcar la diferencia. Las personas que trabajan, hacen voluntariado y participan en actividades comunitarias suelen declarar que gozan de una mejor salud general (mental, emocional, física y espiritual) que quienes no participan ni se involucran. Un análisis reveló que el voluntariado mejora la percepción de la salud en una media de 8 puntos porcentuales.

Este concepto de interés propio ilustrado puede (y debe) aplicarse al mundo empresarial y comercial mediante el concepto de «triple resultado», con énfasis en las personas, el planeta y los beneficios (nótese el orden).

Los consumidores de todo el mundo han comenzado a actuar en función de su deseo de que las empresas asuman un mayor nivel de responsabilidad al abordar las cuestiones sociales. Este movimiento global de consumidores se puso de manifiesto en un estudio realizado en 10 países (Estados Unidos, Canadá, Brasil, Reino Unido, Alemania, Francia, Rusia, China, India y Japón), que representan aproximadamente la mitad de la población mundial. Se encuestó a más de 10 000 consumidores.

Los tres resultados principales de este estudio fueron:

- El 81 % de los consumidores considera que las empresas son responsables de abordar cuestiones sociales y medioambientales clave más allá de sus comunidades locales.
- El 93 % de los consumidores afirma que las empresas deben ir más allá del cumplimiento de la ley y las normas para operar de forma responsable.
- El 94 % de los consumidores afirma que las empresas deben analizar y evolucionar sus prácticas comerciales para que su impacto sea lo más positivo posible.

Estos consumidores creen que es importante que las empresas aborden una amplia gama de cuestiones sociales y medioambientales, entre las que se incluyen:

- el desarrollo económico (96 %)
- medio ambiente (96 %)
- agua (95 %)
- derechos humanos (94 %)
- educación (90 %)

- salud y enfermedades (90 %)
- pobreza y hambre (87 %)

Es importante destacar que el 94 % de los encuestados indicó que es probable que compre un producto con un beneficio medioambiental (el 76 % lo hizo en los últimos 12 meses) o uno asociado a una causa (el 65 % compró productos relacionados con una causa en el último año).

Además, el 93 % afirmó que boicotearía a una empresa por irresponsabilidad, y más de la mitad afirmó que ya lo había hecho.

Esta investigación muestra claramente que los consumidores ya utilizan su gasto discrecional y su lealtad para presionar por una mayor responsabilidad social corporativa. Los consumidores quieren que las empresas y organizaciones retribuyan a las comunidades en las que operan. Ahora, la pregunta es: ¿hay alguien en el mundo empresarial que esté escuchando?

Todas las organizaciones y todas las personas tienen la obligación de hacer del mundo un lugar mejor para que lo hereden nuestros hijos y nietos.

Es así de sencillo.

También es una gran responsabilidad.

Las naciones que solo producen grandes empresas rentables serán prósperas, pero no verdaderamente grandes. Nuestras generaciones futuras necesitan que formemos grandes líderes en todos los sectores de la sociedad. Además, necesitamos que «los mejores y más brillantes» sean líderes en los gobiernos y las agencias gubernamentales. En las décadas de 1950 y 1960, los mejores y más brillantes ocuparon cargos en el gobierno y en el gabinete de las distintas administraciones de Eisenhower, Kennedy y Johnson. Ahora se van a Wall Street y Silicon Valley, donde está el dinero. ¿Dónde está el altruismo en eso?

Es hora de cambiar nuestro enfoque comercial, empresarial y social, pasando de centrarnos únicamente en los beneficios y la prosperidad económica a la triple preocupación por la sostenibilidad medioambiental, la responsabilidad social y la armonía global. Como dijo Henry Ford: *«Un negocio que no genera más que dinero es un negocio mediocre»*. Todas las personas que ocupan puestos de liderazgo deben pensar más allá del crecimiento económico y el éxito financiero.

Desde el punto de vista de Humony Mindset y de la humanidad, las personas y las organizaciones que tienen éxito financiero o social tienen la gran responsabilidad de retribuir a la sociedad por los frutos que disfrutan. Esto implica la obligación de contribuir a algo que alivie las cargas y dificultades de la humanidad o que cree una infraestructura planetaria sostenible, en beneficio de las generaciones futuras. Esto se puede hacer contribuyendo a sus comunidades, a una iniciativa global como el medio ambiente o el hambre, o a cualquier organización benéfica o causa que elijan.

Lograr esto significa entrar en un mundo de colaboración, en el que se trabaja con personas y organizaciones con quienes se comparten puntos de vista y valores.

Los que marcan la diferencia

Retribuir y contribuir a algo más grande que uno mismo son las características distintivas de un creador de diferencia. Hay varias alternativas disponibles:

> **Diferenciadores individuales**: aquellos que realizan contribuciones personales en varios ámbitos o categorías.
>
> **Diferenciadores comunitarios**: cualquier persona que realiza contribuciones principalmente en el entorno social, empresarial o laboral del que forma parte.
>
> **Diferenciadores sociales**: personas que realizan contribuciones a comunidades de las que no son miembros.
>
> **Diferenciadores nacionales o ciudadanos**: personas que realizan contribuciones principalmente dentro de su propio país o en un país específico (por ejemplo, escuelas para Kenia) en el que no residen.
>
> **Diferenciadores globales**: aquellos que realizan contribuciones en relación con cuestiones específicas (paz, hambre, Fondo Mundial para la Naturaleza, etc.) que no son propias de una zona geográfica concreta. A estas personas les preocupa menos dónde se logran los avances y más el tipo específico de mejoras que se consiguen.

La diferencia entre los agentes del cambio comunitario y los del cambio social radica en su pertenencia a la comunidad afectada. Por ejemplo, alguien que participa en la plantación voluntaria de árboles en su comunidad local sería un agente del cambio comunitario. Sin embargo, alguien que participa en la creación de un programa de lectura para niños indígenas representa una actividad de agente del cambio social si esa persona no es miembro de la comunidad indígena.

Conviértete en un agente del cambio de Humony

El propósito de la vida es marcar la diferencia. Esa es la razón del viaje vital de cada persona. Si no hubieras superado la probabilidad de uno entre cuatro billones de nacer, algunos aspectos de la vida y de este mundo serían diferentes. Con tu presencia y tu participación, para bien o para mal, ya has marcado muchas diferencias involuntarias (y quizá algunas intencionadas).

De hecho, algunos creen que cuando sientes amor y compasión en tu corazón por otras personas que atraviesan dificultades o alguna experiencia trágica, es la forma en que el universo te ofrece la oportunidad de marcar la diferencia en la vida de esa persona. Si esto tiene sentido para ti, lo mejor es que aprendas a actuar según tus sentimientos compasivos, ya que es probable que otras personas necesiten lo que tú tienes para ofrecer (es decir, tu don personal único y/o tus talentos individuales específicos).

Todo el mundo tiene un propósito en la vida y un talento único que puede utilizar para ayudar a los demás. Tu propósito en la vida es utilizar tus dones y talento para ayudar a los demás. No es de extrañar que tu trayectoria vital te enseñe cómo hacerlo.

Recuerda que tus acciones diarias tienen el mayor efecto en cadena. Aunque sean pequeñas, estas ondas tienen un efecto acumulativo día a día. Compartiré mi concepto sobre el Poder de los Cinco en el próximo capítulo.

Sin embargo, nuestra mentalidad nos limita y tomamos decisiones basadas en hábitos o en cómo nos hemos acostumbrado a vernos. Como dijo Nelson Mandela: *«Tu modestia no le sirve al mundo». No hay nada iluminado en encogerte para que los demás no se sientan inseguros a tu alrededor. No hay pasión en ser modesto, en conformarte con una vida que es menos de lo que eres capaz de vivir».*

Tú decides cómo y dónde. Las acciones, grandes o pequeñas, y el esfuerzo, grande o pequeño, tienen un impacto. Puedes hacer contribuciones económicas a organizaciones benéficas que realicen acciones que apoyes. También puedes ofrecer tu tiempo y talento como voluntario donde puedas aportar valor. Hacerlo también puede beneficiarte, ya que puedes utilizar, perfeccionar o desarrollar tus talentos.

Empieza un nuevo hábito: sé una persona que marca la diferencia de forma intencionada cada día. Empieza dos veces al día. Luego, dos veces cada mañana y cada tarde. Añade otra cada noche. Ahora ya tienes cinco acciones intencionadas que marcan la diferencia cada día. Pronto, estas se convertirán en parte de tu personalidad. Los buenos hábitos sustituyen a los malos o a los indiferentes. Estás haciendo depósitos kármicos en lugar de retiradas kármicas.

Marcar la diferencia, aunque sea mínima, en la vida de los demás beneficia tu estado emocional, mejora tu autoestima y añade cinco sencillos actos de positividad a tu mundo. Esto te convierte en una de las buenas personas que marcan la diferencia en nuestro mundo y en la vida de los demás.

Además, estas acciones intencionadas crean tu sombra diferenciadora. Quienes observen tus acciones se verán influidos positivamente e inspirados a replicarlas en sus propias vidas y esferas de influencia. Muchos de aquellos a quienes influyas transmitirán tus acciones a otros, de forma involuntaria o intencionada. A esto lo llamo el poder de los cinco (véase el siguiente capítulo).

Empieza con cosas sencillas que tengan un impacto inmediato. Resolver la crisis de Oriente Medio o el hambre en el mundo probablemente no sea el mejor punto de partida, ¡aunque cualquiera de las dos cosas sería maravilloso! Incluso recoger un trozo de basura tirado y no tirar basura tú mismo mejoran nuestro mundo. Ambos actos marcan la diferencia.

Los pequeños actos cuentan. Aquí hay cinco ejemplos de cosas que hago:

1) Todas las monedas que recibo como cambio a lo largo del año las guardo en un bote en casa. Dos veces al año las clasifico y las empaqueto, las llevo al banco y las cambio por billetes de un dólar. Esos billetes los guardo en mi coche, como donaciones, fácilmente disponibles para quienes piden ayuda económica en los semáforos.

2) Si veo a una persona hambrienta o sin hogar cerca de un restaurante de comida rápida al que voy a acudir, compro una hamburguesa, unas patatas fritas y una botella de agua extra para dárselas cuando me vaya.

3) Siempre que no termino toda la comida en un restaurante, pido que me envuelvan las sobras en una caja para llevar. Luego me detengo para dársela a la primera persona hambrienta que veo.

4) Hay un campamento de personas sin hogar entre mi casa y el supermercado al que voy a comprar. Así que, en mi compra semanal, compro un pollo asado caliente, que luego dejo en el campamento para que lo compartan. Curiosamente, por mucha hambre que parezcan tener, nunca se pelean por la comida. La comparten de buena gana entre ellos. (Otra indicación de la noción de Rousseau sobre el buen salvaje y la naturaleza intrínseca de los seres humanos de ser amables entre sí).

5) Cuando camino o estoy en lugares públicos, miro deliberadamente a cada persona a los ojos, sonrío y asiento con la cabeza para reconocer su presencia. Algunos me devuelven la sonrisa. Muchos rompen el contacto visual y miran hacia otro lado. No me ofende. Es su elección. Si no quieren interactuar, no tiene sentido que me lo tomen como algo personal. Me juzgo y me recompenso a mí mismo basándome en mis acciones, no en los resultados de estas.

Le sugiero que no se plantee hipótesis que retrasen o impidan sus útiles contribuciones a los demás. Estoy seguro de que ha pensado: «¿Y si utilizan el dinero que les doy para comprar cigarrillos o alcohol?». Bueno, esa es su elección. Quizás eso es lo que necesitan para superar otro día. Su función es ayudar, no dictar el tipo de ayuda. Si esto es un problema importante para usted, los ejemplos anteriores de dar comida a personas hambrientas deberían ayudarle a superar esas preocupaciones.

Me sorprende cuántas personas que conozco muestran desdén y falta de respeto hacia las personas sin hogar. La excusa más común que escucho para justificar su falta de voluntad de ser caritativos es: «No les daré dinero para que lo gasten en drogas o alcohol». Sin embargo, estas mismas personas alivian un día frustrante con unas copas en un bar o en casa.

Todo se reduce a tu actitud y tu mentalidad. Estas crean el aura que llevas contigo y la presentas al mundo. Lo que dices y cómo te comportas marcan la diferencia. En cada interacción, creas una estela emocional en los demás (y en ti mismo). La mayoría de las veces, no somos conscientes de estas estelas emocionales. Rara vez somos intencionales al respecto. La mayoría son menores, como pequeñas piedras lanzadas a un río. Pero muchas tienen efectos en cadena, como una piedra que rebota en un lago en calma.

Sé intencional

¿Qué quieres que la gente piense, sienta y haga después de interactuar contigo?

Puedes JUGAR A LO GRANDE gracias al esfuerzo acumulado de tus pequeñas acciones e interacciones. Como concluyó William James: *«Actúa como si lo que haces marcara la diferencia. Porque la marca»*. Recuerda, nunca es demasiado pronto ni demasiado tarde para hacer una buena acción.

Además, lo bonito de la generosidad es que nunca se puede exagerar. ¡Cuanto más feliz, mejor! Cuanto más, mejor.

No podemos confiar en los gobiernos ni en las agencias gubernamentales para hacer del mundo un lugar mejor para las generaciones futuras. Tienen demasiadas agendas, a menudo contradictorias, y se centran en el presente y el futuro a corto plazo. Citando a Friedrich Nietzsche: *«Donde termina el Estado, comienza el ser humano que no es superfluo»*.

Muchos astronautas que se han aventurado en el espacio han experimentado lo que se conoce como el «efecto perspectiva». Se trata de un cambio de mentalidad cuando ven la Tierra flotando en el oscuro y vasto universo y se dan cuenta de que nuestro planeta es un lugar donde «las fronteras son invisibles, donde no se ven conflictos raciales, religiosos ni económicos». Su nueva perspectiva es una toma de conciencia reveladora sobre nuestro planeta, verdaderamente interconectado pero muy frágil.

Imagina tener tu propio efecto de visión global. Imagina que eres un ángel que mira desde lo alto. ¿Qué verías que te gustaría arreglar? ¿Por qué? Las respuestas pueden ser tu propósito terrenal.

Mientras reflexionas sobre estas preguntas, tal vez quieras tener en cuenta estas palabras de John C. Maxwell: *«Cuando utilizas intencionadamente tu vida cotidiana para provocar un cambio positivo en la vida de los demás, comienzas una vida que importa»*.

Sé un Humony Differencemaker:

- Primero contigo mismo.
- En segundo lugar, en todas tus interacciones interpersonales.
- En tercer lugar, como evangelista, animando a otros a adoptar una mentalidad Humony

Como se ha mencionado anteriormente, no estamos tratando de cambiar a los demás. Pero estamos dispuestos a marcar la diferencia en sus vidas (si deciden tenerla y nos permiten ser esa persona).

La superación personal significa ser un agente del cambio. ¿Estás marcando la diferencia en ti mismo o dentro de ti mismo? Extiende esto a los demás: familiares directos, amigos y compañeros de trabajo. Luego, a desconocidos y a todos los demás.

Trabaja primero en ti mismo. Sé amable y compasivo contigo mismo. Encuentra la paz interior. Aprende a responder internamente y no a reaccionar emocionalmente ni a tener un diálogo interno negativo.

A medida que te expandes hacia el exterior, tu crecimiento interno se extrapola y se arraiga y se integra más. Los cambios se convierten en parte de tu estructura fundamental y de tu código emocional. Esto es en lo que te conviertes. Pronto, esto es lo que eres.

Como se ha señalado anteriormente, las recompensas intrínsecas son más poderosas y significativas. La autosatisfacción y la autopercepción son más importantes que recibir el reconocimiento y los elogios de los demás. Esto último es estupendo si ocurre, pero ciertamente no es necesario. Motívate por tus deseos de ser un Humony Differencemaker, no por razones o deseos externos.

Depende de nosotros y de las generaciones futuras creer en la vida para poder seguir contribuyendo a la consecución de *la eudaimonia*, la palabra griega que significa «florecimiento humano».

Refuerza la humildad guardándote tus elogios para ti mismo. No hay necesidad de presumir ante los demás de tus buenas acciones. No hay necesidad de llamar la atención sobre lo que estás haciendo o lo que has hecho. Los demás lo notarán sin necesidad de que te engrandezcas. Estás creciendo como ser humano y contribuyendo a mejorar el mundo. Saber eso debería ser suficiente.

Si crees en algo más grande que tú mismo y actúas intencionadamente en consecuencia, tu base de paz personal se vuelve más concreta. Esto conduce a la felicidad auténtica (lee el capítulo sobre *la mentalidad Humony, marcar la diferencia y la felicidad auténtica*).

Centrarse diariamente en algo más grande que uno mismo impulsa la paz interior. Centrarse en las posibilidades, las metas y los objetivos, en lugar de en la rutina diaria de sobrevivir un día más, conduce a la auténtica felicidad.

En resumen, ser un Humony Differencemaker (creador de diferencia Humony) te permitirá disfrutar de la auténtica felicidad.

Como dijo Jean-Paul Sartre: *«Cada uno debe definir el significado de su propia existencia»*. ¿Qué mejor significado para el viaje de la vida que ser un Humony Differencemaker?

La verdadera medida del éxito
es el impacto positivo que tienes en los demás
y la diferencia que haces en el mundo.
Nelson Mandela

La gratitud silenciosa no sirve de mucho a nadie.
Gertrude Stein

Intenta ser un arcoíris en la nube de alguien.
Maya Angelou

La actitud es el pincel de la mente
con la que coloreamos nuestras vidas.
Podemos elegir los colores que queramos.
¡Elige los colores de la paz y la felicidad!
Steven Howard

CAPÍTULO 8

El poder de los cinco

Como una piedra lanzada a un estanque,
una buena acción puede crear ondas
que se extienden mucho más allá del chapoteo inicial.
Jeanne Phillips

Toda acción tiene consecuencias. Algunas son grandes; otras, pequeñas. La mayoría de nuestras acciones tienen consecuencias involuntarias porque las realizamos de forma automática y sin pensar.

Sin embargo, las consecuencias pueden tener un impacto exponencial en la humanidad cuando actuamos de forma intencionada, especialmente en nuestras interacciones con los demás.

Me explico.

Supongamos que un día ayudas intencionadamente a cinco personas, mostrándoles compasión, amabilidad y respeto en tus interacciones con ellas. Pueden ser pequeñas acciones, como apresurarte a abrir la puerta a alguien que lleva demasiadas bolsas o paquetes. Ofrecer tu paraguas a un desconocido que cruza la calle bajo un aguacero. O dejar que un conductor impaciente se cambie de carril delante de ti, aunque eso te obligue a reducir la velocidad o pisar el freno.

Ahora, después de una interacción inesperada pero agradable contigo, supongamos que cada una de estas cinco personas actúa con compasión, amabilidad y respeto hacia otras cinco personas a lo largo del día. Eso supone otras 25 personas que han recibido compasión, amabilidad y respeto de los demás, lo que eleva el total a 30.

Con el concepto del Poder de los Cinco, esta serie de acciones se repite tres veces más, y cada persona interactúa intencionadamente de manera Humony con otras cinco. El resultado exponencial es que 3905 personas se ven beneficiadas positivamente como resultado de sus cinco acciones intencionadas:

Primer nivel (tú):	5
Segundo nivel (5 cada uno):	25
Tercer nivel (5 cada uno):	125
Cuarto nivel (5 cada uno):	625
Quinto nivel (5 cada uno):	3125
Total:	3905

Eso es el poder del cinco.

Cinco acciones intencionadas de paz, compasión, amabilidad y respeto repetidas y replicadas cinco veces por cada destinatario.

Por supuesto, no todas las personas que reciben paz, compasión, amabilidad y respeto las transmitirán a otras cinco personas. Pero el cálculo es igualmente asombroso si lo hacen solo con cuatro o tres personas cada una. He aquí algunos ejemplos:

Primer nivel (tú):	5
Segundo nivel (5 cada uno):	25
Tercer nivel (4 cada uno):	100
Cuarto nivel (4 cada uno):	400
Quinto nivel (4 cada uno):	1600
Total:	2130

Primer nivel (tú):	5
Segundo nivel (5 cada uno):	25
Tercer nivel (4 cada uno):	100
Cuarto nivel (3 cada uno):	300
Quinto nivel (3 cada uno):	900
Total:	1330

Primer nivel (tú):	5
Segundo nivel (5 cada uno):	25
Tercer nivel (5 cada uno):	125
Cuarto nivel (4 cada uno):	500
Quinto nivel (4 cada uno):	2000
Total:	2655

Primer nivel (tú):	5
Segundo nivel (4 cada uno):	20
Tercer nivel (4 cada uno):	80
Cuarto nivel (4 cada uno):	320

Quinto nivel (4 cada uno):	1280
Total:	1705

Primer nivel (tú):	5
Segundo nivel (4 cada uno):	20
Tercer nivel (4 cada uno):	80
Cuarto nivel (3 cada uno):	240
Quinto nivel (3 cada uno):	720
Total:	1065

Primer nivel (tú):	5
Segundo nivel (4 cada uno):	20
Tercer nivel (3 cada uno):	60
Cuarto nivel (3 cada uno):	180
Quinto nivel (3 cada uno):	540
Total:	805

Apliquemos el concepto del Poder de los Cinco a la felicidad, la alegría y el placer. ¿Qué pasaría si hicieras felices, alegres o complacieras a cinco personas de forma intencionada? Con el concepto del Poder de los Cinco en acción, podrías, indirectamente, hacer que entre 805 y 3905 personas fueran más felices, más alegres o menos tristes cada día.

Y eso, solo tú: una persona que crea este tipo de impacto a diario. Imagina el Poder de Cinco implementado por miles o decenas de miles de personas cada día. El impacto se multiplica por miles o decenas de miles, afectando positivamente a más de un millón de personas cada día. ¡Imagínate eso!

O, como escribió John Lennon: *«Imagina a toda la gente viviendo en paz»*. Quizás, como él, soy un soñador. Pero, como él, también sé que no soy el único.

Y tal vez el mundo entero no pueda vivir en paz. Pero nuestras acciones individuales, multiplicadas por el Poder de Cinco, pueden ayudar a cientos y miles de nuestros semejantes a experimentar una mayor paz, compasión, amabilidad, respeto, aceptación y armonía en sus vidas.

De todos modos, influirás en las personas con tus acciones, comportamientos y palabras. Tu huella emocional en cada interacción será involuntaria o intencionada. ¿Por qué no hacer que sea intencionada y positiva? ¿Por qué no dotar a tus interacciones de una base de paz, compasión, amabilidad, respeto, aceptación y armonía? ¿Qué hay que perder?

Mejor aún, ¿qué hay que ganar? Las respuestas a esta pregunta incluyen mayor paz, autocompasión, amabilidad hacia uno mismo, respeto por uno mismo, aceptación de uno mismo, satisfacción personal, orgullo propio y más armonía en tu vida.

Y, dado que interactuar con los demás con una base de paz, compasión, amabilidad, respeto, aceptación y armonía no te cuesta nada, estos beneficios son un fantástico y tremendo retorno de tu inversión en vivir una vida Humony con una mentalidad Humony.

No basta con tener buenos pensamientos,
hacer buenas obras no es suficiente,
ver que los demás siguen tu buen ejemplo es suficiente.

Douglas Horton

CAPÍTULO 9

Marcar la diferencia y auténtica felicidad

El mundo cambia con tu ejemplo,
no con tu opinión.
Paulo Coelho

Como se mencionó anteriormente, el filósofo y reformador legal del siglo XVIII Jeremy Bentham postuló que toda actividad humana está impulsada por solo dos factores motivadores: el deseo de evitar el dolor y el deseo de buscar el placer. Comprender estos aspectos fundamentales de la naturaleza humana puede conducir a una comprensión más profunda de nuestras acciones y motivaciones.

Hay un aspecto universal de la naturaleza humana que es inherentemente bueno, excelente y alegre. Esto no es resultado de creencias religiosas, sino una cuestión de experiencia humana compartida. El simple hecho de sonreír genuinamente cada día es prueba de ello. Una vez que encontramos la alegría dentro de nosotros mismos, podemos extenderla al resto de la sociedad, tal vez incluso al mundo. Cuando contribuimos positivamente al mundo, la solemnidad resulta innecesaria y la tristeza se vuelve infrecuente.

La felicidad es la verdadera naturaleza del corazón. Pero para la mayoría de nosotros, la felicidad duradera no es nuestra experiencia. Los venenos de la angustia, la ansiedad, el dolor, los celos, el odio, el rencor y otros tejen continuamente velos que ocultan la naturaleza optimista y la resistencia natural del corazón. Nos mantienen buscando y luchando por algo ilusorio que siempre está ahí fuera, justo fuera de nuestro alcance.

Relacionarse con los demás con compasión es, sin duda, un reto. Sin embargo, la verdadera comunicación desde el corazón, ya sea con nuestros hijos, cónyuge, padres, clientes, pacientes o con un desconocido en la calle, comienza por no cerrarse. Esto empieza por no cerrarnos a nosotros mismos. Significa permitirnos sentir nuestras emociones sin reprimirlas. Significa aceptar todos los aspectos de nosotros mismos, incluso aquellos que quizá no nos gusten. Esta aceptación es la llave que abre el camino hacia la felicidad.

Como dijo elocuentemente John Dewey: *«Somos organismos que nos vemos obligados a responder a un mundo sujeto a cambios y fluctuaciones constantes. La existencia es un riesgo o una apuesta, y el mundo es fundamentalmente inestable»*. Esto subraya nuestra resiliencia y adaptabilidad innatas como seres humanos, capaces de responder a un mundo en constante cambio.

Felicidad

En la canción del mismo nombre, Bobby McFerrin nos dice: *«No te preocupes, sé feliz»*. Este sentimiento resuena profundamente porque la búsqueda de la felicidad es una experiencia humana universal. Es un punto focal clave de nuestras vidas, una meta por la que todos luchamos a nuestra manera.

Ser infeliz también parece ser ahora una razón válida para abandonar cualquier cosa que no funcione como uno desea (por ejemplo, no permanecer en un matrimonio si no te hace feliz, cambiar de trabajo si no estás contento con el actual).

Sin embargo, hay una diferencia significativa entre la felicidad y ser feliz. La felicidad, como todos los sentimientos, se encuentra en nuestro interior. Y es creada e infiltrada por nuestros pensamientos y nuestra actitud.

El filósofo estoico griego Epicteto fue uno de los primeros en comprender este concepto. Escribió: *«La esencia de la filosofía es que el hombre debe vivir de tal manera que su felicidad dependa lo menos posible de las cosas externas»*. Idealmente, así sería como se viviría una vida Humony.

El sabio Epicteto también propuso: *«La felicidad y la libertad comienzan con una comprensión clara de un principio: algunas cosas están bajo tu control y otras no. Solo después de haber afrontado este papel fundamental y aprendido a distinguir entre lo que puedes y lo que no puedes controlar, es posible alcanzar la tranquilidad interior y la eficacia exterior»*.

Epicteto y muchos otros postulan que la felicidad se ve reforzada y enriquecida por los demás, *pero no depende de ellos*. Es importante comprender esta idea. ¡Tu felicidad no depende de ninguna otra persona, cosa ni acontecimiento! Depende únicamente de ti y está bajo tu control.

Esto tiene mucho sentido cuando te paras a pensarlo. Al fin y al cabo, las fuentes externas de placer, disfrute y felicidad suelen ser breves, fugaces, inconsistentes, precarias, efímeras y muy susceptibles de cambiar. Buscar la paz, la satisfacción o la felicidad en el mundo exterior es un esfuerzo inútil, sobre todo cuando te das cuenta de que la verdadera felicidad reside en tu interior.

Las mayores restricciones a nuestra felicidad provienen de buscar la aprobación de los demás y de preocuparnos por cómo nos juzgarán.

¿De dónde viene la verdadera felicidad? Aquí hay tres perspectivas:

> *No es el nivel de prosperidad lo que nos hace felices, sino la afinidad entre corazones y la forma en que vemos el mundo. Ambas actitudes están dentro de nuestro alcance. Un hombre es feliz siempre que elija serlo, y nadie puede impedirlo.* ~ Alexander Solzhenitsyn

> *El secreto de la felicidad es este: que tus intereses sean lo más amplios posible y que tus reacciones ante las cosas y las personas que te interesan sean lo más amistosas posible, en lugar de hostiles.* ~ Bertrand Russell

> *La mayoría de las personas son tan felices como deciden serlo.* ~ Abraham Lincoln

La felicidad que resulta de las experiencias de la vida es como una droga. Tan pronto como desaparecen los efectos de un incidente feliz, las personas buscan inmediatamente la siguiente cosa que les proporcione otra sensación temporal de disfrute o placer.

Sentirse bien con una experiencia o un acontecimiento libera dopamina, la sustancia química del cerebro que provoca adicción y siempre quiere más. Esto inicia un cruel ciclo en el que, sin saberlo, se desea más felicidad y placeres a corto plazo para satisfacer el deseo del cerebro de obtener más dopamina. Este ciclo compuesto conduce a una felicidad antinatural (e insostenible).

Esto es lo que lleva por mal camino a personas como Charlie Sheen y Tiger Woods. Aquellos que no pueden encontrar la paz y la felicidad en su interior están condenados a llenar constantemente su cuota de disfrute personal con experiencias continuas y sin sentido, que mantienen sus depósitos de felicidad en constante necesidad de rellenarse.

El placer, por supuesto, es una fuente poderosa de motivación. Desgraciadamente, el placer no produce cambios duraderos. Más bien, es una fuerza disruptiva que se acumula y nos impulsa a satisfacer nuestras necesidades actuales (temporales) o a disfrutar de las comodidades y el relax mediante placeres y experiencias más efímeras.

Si no puedes encontrar la felicidad al ver a los niños jugar en un parque, en un hermoso amanecer o en la paz y la tranquilidad de un día sereno, es probable que no la encuentres en tu interior.

Hay una diferencia entre el estado de felicidad y ser feliz, tener placer y experimentar disfrute. Los tres últimos son sentimientos a corto plazo y temporales basados en experiencias, sentimientos y pensamientos. En pocas palabras, ir al cine puede hacerte feliz, pero no tiene nada que ver con la verdadera felicidad.

Felicidad intencional

Despertar la felicidad en ti mismo no es un proceso tedioso ni un esfuerzo odioso. Solo se necesita un cambio de mentalidad y una disposición renovada para ser amable, bondadoso y compasivo con los demás (como en tu infancia). Y abstenerse de juzgar a los demás. ¿Es tan difícil? ¡No!

Esta mentalidad de felicidad incluye la confianza y la creencia de que estás en el camino correcto que te llevará a una vida en armonía durante el resto de tus años en la Tierra. Esto te permite reírte de los caminos que has tomado anteriormente y comprender que todo lo sucedido en el pasado ha sido una serie de experiencias de aprendizaje por las que ahora estás agradecido.

Esta felicidad interna, que algunos podrían llamar espiritual, es la precursora. La auténtica felicidad humana es el resultado.

Buscar la felicidad a través de experiencias y placeres rara vez funciona. Como señaló el escritor social y filósofo Eric Hoffer, *«la búsqueda de la felicidad es una de las principales fuentes de infelicidad*». El novelista inglés C. P. Snow añade: *«La búsqueda de la felicidad es una frase de lo más ridícula; si persigues la felicidad, nunca la encontrarás»*.

El novelista Nathaniel Hawthorne describió la búsqueda de la felicidad de esta manera: *«La felicidad es una mariposa que, cuando se persigue, siempre está fuera de nuestro alcance, pero que, si te sientas en silencio, puede posarse sobre ti»*.

El filósofo griego Demócrito dijo: *«La felicidad no reside en las posesiones ni en el oro; el sentimiento de felicidad habita en el alma»*.

¿Qué más habita en el alma?

El cuidado, la generosidad y la bondad son características inherentes a nuestras almas y a nuestra humanidad. Por lo tanto, un camino clave hacia la felicidad proviene de preocuparse por los demás y de ofrecerles bondad y ayuda. ¿Podrían ser estas las causas fundamentales de la verdadera felicidad? Cuanto mayor sea nuestra generosidad y bondad, mayor será nuestra felicidad auténtica e innata.

En otras palabras, hay mucha verdad en el viejo proverbio: *«Es mejor dar que recibir»*. Quizás recibir es una felicidad superficial y pasajera, mientras que dar es una forma de felicidad más profunda y permanente. Después de todo, cualquiera que comparte, sonríe y da abrazos recibe una mayor felicidad al dar que la que reciben los destinatarios al recibir. Como dice el proverbio chino: *«Un poco de fragancia siempre se adhiere a la mano que da la rosa»*.

Sin duda, habrás oído la concisa frase *«el dinero no puede comprar la felicidad»*. Como escribió el teólogo William Barclay: *«Lo único que todos los hombres deben aprender sobre la alegría es que esta no tiene nada que ver con las cosas materiales ni con las circunstancias externas de una persona». Es un hecho simple de la experiencia humana que un hombre que vive rodeado de lujos puede ser infeliz, y un hombre sumido en la pobreza puede rebosar de* alegría». Sustituye la palabra «felicidad» por «alegría» y las palabras de Barclay son igualmente resonantes.

La felicidad intencional crea un aura con cuatro características distintivas:

> El aspecto pacífico de la felicidad intencional: no dejarte perturbar por las pequeñas cosas ni por los guijarros en tu cabeza.
>
> El aspecto de la gratitud en la felicidad intencional: estar agradecido por lo que se tiene y aceptar siempre la realidad.
>
> El aspecto amoroso de la felicidad intencional: saber que se es amado y estar dispuesto a dar amor.
>
> El aspecto de la humildad de la felicidad intencional: el placer interno y la autosatisfacción de saber que tienes el poder, la mentalidad, la resiliencia y la agilidad para manejar todas las situaciones, eventos, personas y cosas, ya que todo pasa con el tiempo.

Dado que la felicidad es realmente autogenerada, intentar hacer felices a otras personas es simplemente una pérdida de tiempo y esfuerzo. Esto no quiere decir que no debas hacer cosas por otras personas que les proporcionen placeres momentáneos y recuerdos felices. Ni mucho menos. Más bien, intentar cambiar a una persona infeliz a una feliz rara vez merece la pena. Esto es algo que solo ellos pueden hacer.

Nunca eres responsable de su infelicidad, ni debes asumir la culpa por la infelicidad de otra persona. Si quieren pasar por un período de su vida siendo infelices con sus circunstancias y con todo lo que les sucede, no tienen más remedio que dejar que lo hagan (por doloroso que sea cuando le sucede a un ser querido).

Recuerda que solo quienes buscan en su interior encuentran las causas fundamentales de su felicidad. Del mismo modo, solo aquellos que buscan en su interior descubren las causas subyacentes de su infelicidad. Tu papel en estas situaciones es ayudar a las personas a mirar dentro de sí mismas, pero no puedes hacerlo por ellas.

La mejor manera de lidiar con la infelicidad crónica o constante es con compasión. Como dijo el Dalai Lama: *«Si quieres que los demás sean felices, practica la compasión. Si tú quieres ser feliz, practica la compasión»*.

No te preocupes. (¡Sé feliz!) Esto no significa que no debas disfrutar de los placeres y momentos felices de la vida. Tampoco significa que nunca debas dar alegría, felicidad y placeres a los demás. Simplemente debes ser consciente de que estos placeres temporales no son la felicidad auténtica y definitiva que tú (o ellos) desean experimentar.

Además, esto no quiere decir que nunca debas ofrecer consuelo o apoyo a los demás. De hecho, es todo lo contrario. Al ser amable y proporcionar consuelo a los demás, es más probable que descubras una felicidad profunda dentro de ti mismo.

Felicidad abundante

La felicidad no es un sentimiento de euforia o entusiasmo. Es estar satisfecho y seguro de las experiencias de la vida. Es mejor no establecer expectativas ni metas para delimitar los niveles o condiciones necesarios para la satisfacción y la confianza (que se combinan para crear la felicidad).

La abundancia de felicidad no es solo una cuestión de estar libre de la depresión y la miseria. Más bien, es el sentimiento de alegría, satisfacción y asombro ante la vida.

¿Cómo se experimenta la abundancia de felicidad? Sal y observa la vida. Ama la vida. Sé testigo del mundo que te rodea (bichos, insectos, flores, pájaros, árboles y personas). Participa en la vida. Como dijo Jackie Robinson: *«La vida no es un deporte para espectadores. Si vas a pasar toda tu vida en la tribuna simplemente observando lo que sucede, en mi opinión, estás desperdiciando tu vida»*.

La felicidad plena proviene de estar plenamente vivo. Tener hambre de vida. Hambre de lo que la vida tiene para ofrecer. Ver la vida como una aventura.

No puedes encontrar la felicidad cambiando nada en tu vida excepto a ti mismo.

Sé feliz contigo mismo. Sé feliz con tu crecimiento espiritual y tu realización personal. Céntrate en eso. Nada más importa realmente.

La felicidad abundante no se encuentra. Se crea. A través de tu mentalidad. Sea cual sea tu situación, tienes el poder de definir y crear tu propia felicidad. Eres tan feliz como te propones serlo. La actitud es el pincel de la mente con el que pintamos nuestras vidas. Podemos elegir los colores que queramos. ¡Elige el color de la felicidad!

Aunque la felicidad abundante es estupenda, irradiarla es mejor. Nunca debes tener miedo de ser feliz ni de expresar tu felicidad. Debes superar el miedo a que la gente te critique por tu felicidad o intente quitarte tu aura de felicidad. ¿Por qué preocuparse por cómo reaccionarán los demás o por lo que dirán? Con confianza y convicción, sabes que no pueden destruir tu felicidad. Estás protegido de ellos y de sus flechas verbales.

Ten la confianza necesaria para ser feliz y haz de la felicidad intencionada la piedra angular de tu aura. Haz cosas que te hagan feliz. Vive la vida. Maravíllate ante la vida. Muestra al mundo tu felicidad incondicional. Abraza la realidad con felicidad intencionada.

Centrarse en crear felicidad intencional conduce a una felicidad abundante. La felicidad abundante proviene de:

La paz

La gratitud

La humildad

Mentalidad sin prejuicios

Confianza + Creencia (que se combinan en Fe)

Implicarse en algo más grande que uno mismo (los proyectos que nos apasionan)

Vivir incondicionalmente sin control, expectativas ni condiciones.

La felicidad abundante también proviene de comprender qué disminuye o niega tu felicidad y evitarlo. Aspectos negativos como:

Ira reprimida

Negatividad (que afecta a la felicidad)

Malinterpretar las situaciones

Alejamiento de amigos y compañeros de trabajo

Ser indeciso cuando normalmente eres decidido

Sentirse pobre económicamente

Falta de alegría

Disminución de los sentimientos amorosos

Felicidad auténtica

Numerosos estudios de investigación demuestran que hacer «algo más grande que uno mismo» es un factor clave para alcanzar la auténtica felicidad.

Además, ser generoso y caritativo es un camino probado hacia la auténtica felicidad. El conferenciante motivacional y autor Og Mandino explica: *«Date cuenta de que la verdadera felicidad está dentro de ti». No pierdas tiempo ni esfuerzo buscando la paz, la satisfacción y la alegría en el mundo exterior. Recuerda que la felicidad no está en tener o en conseguir, sino solo en dar. Acércate a los demás. Comparte. Sonríe. Abraza. La felicidad es un perfume que no puedes derramar sobre los demás sin que te caigan unas gotas a ti mismo».*

La felicidad es única para cada persona, aunque existe una base universal de la felicidad auténtica. Por ejemplo, intentar hacer felices a los demás nos hace más felices que intentar hacernos felices a nosotros mismos, según una serie de cinco estudios publicados en la revista *Journal of Positive Psychology*.

El Estudio de Harvard sobre el Desarrollo Adulto es uno de los estudios más longevos sobre la felicidad y el bienestar humanos. Comenzado en 1938 y continuado hasta la actualidad, el estudio ha seguido a dos grupos de hombres durante casi nueve décadas. Los resultados destacan la importancia de las relaciones significativas, del bienestar emocional y de la calidad de las conexiones sociales como fundamento para alcanzar la felicidad y la salud a largo plazo. A continuación, se ofrece una visión general de las principales conclusiones:

> Las relaciones sólidas son importantes: el estudio reveló que las relaciones cercanas, más que el dinero o la fama, son los factores clave que mantienen a las personas felices a lo largo de sus vidas. Aquellos que están más conectados con su familia, sus amigos y su comunidad son más

felices, más saludables y viven más tiempo que quienes no lo están tanto.

La calidad es más importante que la cantidad: la calidad de las relaciones es más importante que el número de relaciones. No es de extrañar que las relaciones conflictivas puedan perjudicar la salud, mientras que las cálidas y solidarias resultan beneficiosas.

Las conexiones sociales influyen en la longevidad: las personas que están conectadas socialmente con otras de manera significativa tienden a vivir vidas más largas y saludables. La soledad y el aislamiento social pueden tener efectos perjudiciales tanto en la salud física como en la salud mental.

Importancia de la inteligencia emocional y la estabilidad: la inteligencia emocional y la gestión de las emociones y las relaciones contribuyen de manera significativa a la felicidad y al éxito a largo plazo.

La salud física está relacionada con la felicidad: las personas del estudio que eran más felices en sus relaciones a los 50 años eran las más sanas a los 80 años. La investigación indica que existe una fuerte relación entre la salud física y el bienestar emocional.

Satisfacción profesional: aunque las relaciones son el factor más importante, la satisfacción laboral o profesional también contribuye a la felicidad general. Las personas que consideraban que su trabajo era significativo y satisfactorio reportaron niveles más altos de bienestar que quienes no lo consideraban así.

> Los mecanismos de afrontamiento son importantes: la forma en que las personas afrontan los retos de la vida es crucial. La aplicación de estrategias de afrontamiento, como centrarse en los aspectos positivos y mantener vínculos sociales fuertes, conduce a una mayor felicidad y satisfacción con la vida.

El Dr. Martin Seligman, autor de éxitos de ventas y psicólogo de la Universidad de Pensilvania, ha avanzado mucho en el pensamiento sobre la felicidad en los últimos años. En su libro *Authentic Happiness*, muestra cómo se puede cultivar la felicidad identificando, comprendiendo y fortaleciendo los rasgos que ya poseemos, como la amabilidad, la originalidad, el humor, el optimismo y la generosidad.

Él denomina a estos rasgos «fortalezas distintivas», que pueden guiar a las personas a tomar decisiones positivas que den como resultado vidas más significativas y, por lo tanto, más auténticamente felices.

El Dr. Seligman deja claro que hay una diferencia entre la felicidad auténtica y la que nos transmite la cultura pop, que nos dice, en la hermosa letra de Carole King:

> *Tienes que levantarte cada mañana con una sonrisa en el rostro y mostrar al mundo todo el amor que hay en tu corazón.*
>
> *Entonces la gente te tratará mejor.*
>
> *Descubrirás, sí, lo harás, que eres tan hermosa como te sientes.*

Aunque la letra de King tiene algo de verdad, no corresponde a la verdadera felicidad. Sí, no hay nada malo en tener una actitud positiva y feliz y en mostrar al mundo una sonrisa en tu rostro. De hecho, ese enfoque tiene numerosas ventajas. Sin embargo, esto solo da lugar a una felicidad superficial, no a la profunda e intrínseca que proviene de vivir según tus valores, de alcanzar tus deseos y de participar en algo más grande que tú mismo.

El Dr. Seligman y sus colegas idearon el modelo "PERMA" de bienestar, que describe cinco elementos esenciales del bienestar general:

> Emociones positivas: cómo experimentar alegría, gratitud y otros sentimientos positivos.
>
> Compromiso: estar profundamente involucrado y absorto en actividades que supongan un reto y aprovechen tus puntos fuertes.
>
> Relaciones: mantener relaciones significativas y positivas con los demás (como se confirma en el Estudio de Harvard sobre el Desarrollo Adulto).
>
> Significado: encontrar un propósito y un sentido en la vida, a menudo a través del servicio a algo más grande que uno mismo.
>
> Logros: perseguir y alcanzar metas que generen una sensación de éxito y de competencia.

La investigación del Dr. Seligman muestra que los factores externos, el entorno de vida o la genética no determinan por sí solos la felicidad auténtica. Sus estudios revelan que todos podemos cultivar activamente la felicidad mediante prácticas como la gratitud, la atención plena, el optimismo, la generosidad, el altruismo y el mantenimiento de relaciones sólidas.

La auténtica felicidad también proviene de ser pacífico, agradecido, comprensivo, amoroso, compasivo, humilde y de responder con intenciones de mentalidad Humony en todas tus interacciones con los demás y al lidiar con la serie de eventos, situaciones, desafíos y oportunidades siempre cambiantes de la vida.

Por lo tanto, es importante encontrar la felicidad dentro de uno mismo a través del conocimiento de su propio valor, incluso si los demás no reconocen ni muestran aprecio por su valía como ser humano cariñoso, compasivo, amable y respetuoso.

Cuando actúas desde una mentalidad Humony, es posible que el reconocimiento o el aprecio de los demás no se produzca en ese momento, especialmente si la otra persona está centrada en otra cosa o en sus propias dificultades. No pasa nada. Tu felicidad no depende de sus acciones, comportamientos o palabras. Tu auténtica felicidad proviene de tu interior, sabiendo que has interactuado con ellos como un buen ser humano. Podrás disfrutar de su agradecimiento y elogios si llegan más adelante.

Ten siempre presente esta idea de Jean-Jacques Rousseau: *«La felicidad proviene de hacer lo que debes hacer»*. Y siempre debes hacer las cosas con una mentalidad Humony.

¿Quieres ser auténticamente feliz todos los días? Pon en práctica el Poder de los Cinco, tal y como se describe en el capítulo anterior.

Helen Keller dijo que la verdadera felicidad *«no se alcanza a través de la gratificación personal, sino a través de la fidelidad a un propósito digno»*. Desde la perspectiva de Humony Life, el propósito digno al que se refiere es vivir una vida plena y significativa, tal y como la define el Dr. Seligman:

> *La vida significativa: utilizar tus fortalezas y virtudes distintivas al servicio de algo mucho más grande que tú.*
>
> *Una vida plena: experimentar las emociones positivas sobre el pasado y el futuro, saborear los placeres, obtener una gratificación abundante de tus fortalezas distintivas y utilizarlas al servicio de algo más grande para encontrar significado.*

La forma en que busques tu propia felicidad dependerá, naturalmente, de ti. No hay ningún mapa de ruta ni aplicación de GPS que nadie pueda proporcionarte, aunque vivir según los principios de una mentalidad Humony será un buen comienzo. Este viaje te ayudará a descubrir la verdadera felicidad que habita en tu interior. Y te permitirá aceptar la realidad con auténtica felicidad.

Al fin y al cabo, la auténtica felicidad es saber que estás en el camino correcto (para ti), reírte de los caminos anteriores y estar agradecido tanto por tu pasado como por tu presente.

Lo que haces marca la diferencia,
y tú tienes que decidir
qué tipo de diferencia
quieres marcar.
Jane Goodall

CAPÍTULO 10

Estela emocional

Olvídate de ti mismo interesándote por los demás.
Haz cada día una buena acción que haga sonreír a alguien.
una sonrisa en la cara de alguien.
Dale Carnegie

Estela emocional se refiere al impacto emocional residual que las acciones, las palabras y la presencia de una persona dejan en los demás después de una interacción. Es similar a la estela que deja un barco en el agua, en la que el paso del barco genera ondas que afectan al entorno circundante. En el contexto de las interacciones humanas, la estela emocional es el sentimiento o estado de ánimo que persiste en las personas después de que termina una interacción interpersonal.

El concepto de estela emocional destaca la importante influencia que las personas ejercen sobre los estados emocionales de los demás. Al igual que la estela de un barco puede ser suave y tranquila o turbulenta y perturbadora, la estela emocional de las interacciones interpersonales puede variar desde positiva y estimulante hasta negativa y angustiosa. Las estelas emocionales positivas se crean mediante acciones como la amabilidad, la empatía, la compasión, el respeto, el ánimo y el apoyo.

Estas interacciones hacen que los demás se sientan valorados, comprendidos y motivados, y es nuestra responsabilidad crear el efecto dominó de estas emociones positivas. Por ejemplo, un cumplido o un acto genuino de escucha puede fomentar sentimientos de felicidad y conexión, creando un efecto dominó positivo en el panorama emocional de los involucrados.

Por el contrario, las estelas emocionales negativas se generan mediante comportamientos como la crítica, el descuido, la hostilidad, la falta de atención o la insensibilidad. Estas acciones pueden hacer que los demás se sientan heridos, poco importantes o desmoralizados. Por ejemplo, las críticas duras o el comportamiento despectivo pueden provocar sentimientos de insuficiencia y resentimiento, lo que ensombrece el bienestar emocional de los afectados.

El concepto de estela emocional subraya la importancia de la conciencia de uno mismo y de la inteligencia emocional en nuestras interacciones. Al reconocer las estelas emocionales que dejamos atrás y aplicar nuestra inteligencia emocional, podemos esforzarnos por fomentar las interacciones positivas y mitigar el daño potencial de las negativas, lo que nos hace más competentes en nuestras relaciones.

Comprender el poder y el impacto de las estelas emocionales anima a las personas a ser más conscientes de su comportamiento y de su influencia en los demás. Hace hincapié en la interconexión entre las experiencias humanas y en los efectos duraderos de las interacciones. Al cultivar estelas emocionales positivas, podemos contribuir a un entorno social más solidario y empático, mejorando, en última instancia, la calidad de nuestras relaciones y el bienestar de quienes nos rodean.

Las personas con una mentalidad Humony tienen radares internos muy afinados que se centran en las estelas emocionales que generan en sí mismas y en los demás. Esto les permite ser intencionales respecto de estas estelas emocionales para reforzar las interacciones positivas y crear relaciones más significativas y un mundo más pacífico.

Recomiendo que la paz sea el centro de las estelas emocionales que creas. Paz contigo mismo. Con la naturaleza y la vida. Con todos tus semejantes. Desde este centro, puedes crear ondas expansivas de compasión, amabilidad, respeto, aceptación y armonía.

Tu estela emocional interna

¿Cuál es la estela emocional que creas en ti mismo?

Una vez más, entran en juego los importantísimos edictos «Conócete a ti mismo» y «Compréndete a ti mismo».

Tu estela emocional interna es el residuo que sientes después de interactuar con los demás. ¿Cómo te hacen sentir estas interacciones? ¿Qué piensas después de estas experiencias?

Hasta que no adoptes una mentalidad Humony, tus estelas emocionales internas tienden a ser reacciones a tus experiencias con los demás. Ocurrirán automáticamente, sin premeditación ni reflexión.

Sin embargo, al emplear una mentalidad Humony y los aspectos de autoconciencia de la inteligencia emocional, puedes obtener un mayor control sobre tus estelas emocionales internas. Al utilizar intencionadamente estas dos herramientas, puedes dirigir tus estelas emocionales internas hacia lugares de paz, satisfacción, gratitud o cualquier otro punto de llegada positivo.

Se trata de reajustar tu rueda emocional tras cada interacción interpersonal. Esto se logra comprendiendo lo que puedes controlar y lo que no:

No controlable	Controlable
Los cambios emocionales de los demás	Tu estado de ánimo
El reconocimiento de los demás	Autoapreciación
Apreciación	Gratitud hacia uno mismo
Interrupciones	Concentración
Exigencias (especialmente las relacionadas con el tiempo)	Energía
Presiones de los demás	Prioridades/Límites

Distracciones	Propósito / Compromiso

Sé firme al crear estelas emocionales positivas contigo mismo. Se aplican las mismas reglas y mantras que en tus interacciones interpersonales con los demás:

Interacciones positivas contigo mismo

Practica el desapego de las cosas y las personas que te irritan

Reformula las percepciones negativas y hostiles de ti mismo

No te hables a ti mismo de forma negativa ni te compadezcas de ti mismo.

Deja de juzgarte con dureza.

Tu aura puede crear intencionadamente estelas emocionales:

Aura resuelta = Estela emocional resuelta.

Aura de felicidad = Estela emocional de felicidad

Aura de paz = Estela emocional de paz

Aura de gratitud = Estela emocional de gratitud

Aura amorosa = Estela emocional amorosa

Tu aura Humony se compone de los cuatro pilares de la tranquilidad, la compasión, la amabilidad y el respeto. Además, los dos elementos fundamentales de la aceptación y de la armonía.

Tu estela emocional externa

¿Cómo se sienten las personas después de interactuar contigo?

¿Cuáles son los efectos secundarios de tus interacciones? ¿Cómo influirá tu interacción con ellos en la forma en que interactúan con los demás y en el impacto que tienen en ti? (El poder de los cinco)

Sé consciente de tus repercusiones emocionales para reforzar las interacciones positivas y crear relaciones más significativas y un mundo más pacífico. Utiliza la valiosa técnica de Pensar/Hacer/Sentir mencionada anteriormente. ¿Qué y cómo quieres que cada persona con la que interactúas piense, haga y sienta después de su interacción contigo?

Es importante detectar rápidamente las repercusiones emocionales negativas que creas. Pide perdón y rectifica las repercusiones emocionales negativas que creas (intencionadamente o no).

¿Y si se trata de una interacción transaccional con alguien a quien es poco probable que vuelvas a ver? No hay diferencia. Sigue siendo otro ser humano al que has impactado negativamente o de manera menos que óptima. Pide perdón y rectifica. Recuerda el poder de «Five». El poder de cinco funciona igual de bien tanto para las huellas emocionales positivas como para las negativas que creas.

Una mala interacción involuntaria puede dar lugar a cientos de interacciones negativas posteriores entre otras personas ese mismo día. ¡Y eso es culpa tuya! Pide siempre perdón y rectifica las huellas emocionales negativas que dejas (ya sea intencionadamente o no).

Una mala interacción a la semana se convierte en más de mil interacciones negativas posteriores. ¡Más de 50 000 al año!

¿Estás preparado para asumir eso? ¿Para rendir cuentas de ello?

¿Y si tuvieras que rendir cuentas por ello? Apuesto a que cambiarías tu comportamiento y tu actitud mental hacia los demás.

Incluso si solo se trata del poder de uno multiplicado por cinco, sigue siendo 35 a la semana y casi 2000 al año. Dos interacciones negativas por semana duplican esta cifra. Tres la triplican.

Nuestro objetivo siempre debe ser mejorar la vida de quienes interactuamos. Lo hacemos en parte mediante nuestras estelas de interacción emocional.

Cómo te afectan las estelas emocionales

Las estelas emocionales de los demás pueden afectarte, y lo harán.

¿Cómo te afectan tus interacciones con los demás? Una mala experiencia al volante: ¿te desquitas con otros conductores? Una mala experiencia en el trabajo: ¿te desquitas con tu pareja, tus hijos o tu perro?

Las estelas emocionales afectan a tu estado de ánimo. Si no tienes cuidado, pueden acumularse y crear una espiral descendente hacia la depresión u otros problemas de salud mental. Especialmente si te lo guardas todo.

Estas secuelas emocionales influyen en tu secuela emocional interna, a veces sin que te des cuenta. Si no tienes cuidado, podrías alejarte de tu intención. Por lo tanto, es importante detectar las secuelas emocionales negativas que te afectan a lo largo del tiempo. Recurre a tus fortalezas de inteligencia emocional, especialmente la empatía y la aceptación.

Recurre a los cuatro pilares de la mentalidad Humony para ayudarte a responder, no a reaccionar.

Todos tendemos a evitar a las personas que nos dejan en un estado de disminución emocional. ¡No seas así! Sigue interactuando a menos que las interacciones continuadas te hagan daño emocional, mental o físico. Si es así, aléjate y rompe la relación lo antes posible.

Conoce siempre tus estelas emocionales (entrantes y salientes). Vigila estas estelas emocionales y ajústalas en consecuencia.

Dondequiera que haya un ser humano,
hay una oportunidad para la bondad.
Annaeus Seneca

CAPÍTULO 11

Depende de ti

No hay mejor ejercicio para el corazón
que *agacharse y levantar a las personas.*
John Holmes

No podemos seguir permitiendo que lo que nos divide como individuos socave lo que nos une como seres humanos y miembros de la fraternidad *del Homo sapiens.*

Te recomiendo que personalices y hagas tuyo el Credo de la Mentalidad Humony para tu vida:

> *La mejor parte de mi vida son mis pequeños actos de bondad, compasión y respeto, anónimos y olvidados.*

Uno de los peores errores que cualquiera de nosotros puede cometer es subestimar el poder que cada uno tiene para cambiar el mundo. A lo largo de nuestras vidas, estamos impactando de manera constante y única en nuestras pequeñas partes del mundo, en la humanidad y este viaje de la vida. Ahora, quienes tienen una mentalidad Humony tienen la oportunidad de crear su impacto con mayor intencionalidad y propósito.

Te animo a que vivas con intención Humony. Haz de los cuatro pilares de la mentalidad Humony tus valores personales fundamentales. Ponlos en lo más alto de tu lista diaria de tareas mentales y emocionales. ¿Sería arriesgado hacerlo? ¿Tus amigos y familiares te mirarían con recelo por inculcar la mentalidad Humony en tu vida? Aunque es dudoso, ¿realmente importaría? Especialmente si crees que uno de los propósitos de tu viaje por la vida es marcar la diferencia ayudando a los demás.

Un concepto filosófico conocido como la apuesta de Pascal sostiene que creer en algo es mejor que no creer en nada. Blaise Pascal, matemático, físico y filósofo cristiano francés del siglo XVII, aceptaba que era imposible proporcionar un razonamiento sólido y racional para las creencias religiosas. Sin embargo, quería proporcionar una base racional para el deseo de tener tales creencias. Su enfoque consistió en ponderar los posibles beneficios y pérdidas de apostar por la existencia de Dios.

Argumentó que apostar por la inexistencia de Dios conlleva el riesgo de perder mucho, como la felicidad infinita y la vida eterna en el cielo. Esta creencia también abre a la persona a ganar poco, a un pensamiento independiente limitado y a la creencia en este mundo. Por otro lado, apostar por la existencia de Dios conlleva pocos riesgos y se obtiene mucho si esta hipótesis es cierta. Por lo tanto, sobre esta base, resulta más racional creer en Dios.

Se puede aplicar el mismo concepto a la creencia en el universo, en el creador original, en la existencia de las almas, en la interconexión de la humanidad o en que el viaje de la vida tiene un propósito.

La conclusión, basada en la apuesta de Pascal, es que es mejor y más racional creer y actuar con una mentalidad Humony que no hacerlo. Sobre todo, porque no te cuesta nada.

Sé un creador de oportunidades

¡Así que sé un hacedor de lluvia! Pero no en el sentido comercial de la palabra.

La lluvia trae nueva vida. Esperanza para que florezca la abundancia. La lluvia limpia los cielos sucios y el pasado. La lluvia trae cielos despejados y nuevas perspectivas. La lluvia no es parcial ni discriminatoria. Proporciona a todos.

Al igual que la lluvia, que limpia las impurezas y se va, dejando cielos despejados, aquellos que ejemplifican una mentalidad Humony ayudan a las personas a limpiar sus aspectos negativos para que puedan traer la luz del sol a sus vidas.

Sé un portador de lluvia para todos los con quienes interactúas. Deja que tu aura Humony limpie tus pensamientos negativos y tu desesperación. Proporciona esperanza y una perspectiva positiva para su futuro. Nutre sus fortalezas internas y sé un ejemplo de mentalidad Humony, creando nuevas posibilidades de vida y abundancia.

Nuestro papel no es ser un sol de alegría, de felicidad y de resolución de problemas. Nuestra labor es ayudar a eliminar las impurezas con las que viven y permitirles crear su propio sol espiritual y emocional. No los estamos cambiando, sino dándoles una perspectiva (y ayuda) para que crean que pueden cambiar por sí mismos, aunque solo sea durante unos días o unas semanas.

En efecto, se trata de un enfoque de laissez-faire. ¿Quién eres tú para cambiarlos? Su trayectoria vital no te corresponde controlarla, modificarla ni cambiarla. Sé el ejemplo que ellos elijan imitar y copiar. Es su elección. Solo intervén cuando sus acciones o comportamientos te afecten o cuando puedan dañar a otros física, emocional o mentalmente.

Paga por adelantado

No es necesario cambiar el mundo (solo tu parte) para tener un impacto en la humanidad. ¿Suena descabellado? En absoluto. Como dijo Steve Jobs: *«Las personas lo suficientemente locas como para pensar que pueden cambiar el mundo son las que lo cambian»*.

Hay un adagio educativo que dice que todo lo que se necesita para que un niño cambie su vida es que una persona crea que puede hacerlo. Este adagio se aplica igualmente fuera del ámbito académico.

A veces, todo lo que se necesita para cambiar la trayectoria de la vida de una persona es que otra persona crea en ella o la ayude a creer en sí misma. Al fin y al cabo, todos tenemos un potencial latente, por muy desesperada que sea nuestra situación actual. Ayuda a descubrir este potencial latente en los demás. Quizás lo mejor que podemos hacer como seres humanos es utilizar nuestros dones y talentos para ayudar a otros a descubrir los suyos.

Casi todo el mundo desea conexiones más profundas y significativas. Conecta con más personas cara a cara. La oxitocina, el neuropéptido que crea vínculos en nuestro cerebro, requiere contacto visual y físico para florecer. Ambos están ausentes en las videollamadas, en las redes sociales y en los mensajes de texto. No es de extrañar que la mayoría de nosotros ansiemos conexiones significativas, cuya falta alimenta nuestros sentimientos de soledad y nos aleja aun más de los demás.

Las redes sociales y los mensajes de chat facilitan conexiones superficiales, pero las investigaciones demuestran que su uso excesivo perjudica la capacidad de las personas para socializar y construir relaciones significativas en la vida real. El uso excesivo de las redes sociales también tiene un impacto negativo en la felicidad general.

¿Qué es lo único que deberías tener en común con todas las personas con las que te relacionas? La respuesta: su interés superior.

Preocuparse genuinamente por los demás seres humanos sanaría gran parte de la desolación y el quebranto de este mundo. Por desgracia, nuestros sistemas educativos no enseñan habilidades como la compasión, la amabilidad y el respeto. Y los que lo hacen se ven ahogados por la grosería, el egoísmo y la violencia gratuita que se observan en las películas, los programas de televisión y las redes sociales.

Además, aunque preocuparse es estupendo, actuar en función de tus preocupaciones y cuidados es aún mejor. Empieza a realizar actos anónimos de amabilidad, compasión y respeto simplemente para hacer que una parte del viaje vital de las personas sea más pacífica y armoniosa. Y, lo más importante, una de esas personas eres tú. Así que recuerda las palabras de Ralph Waldo Emerson citadas anteriormente: *«Nunca es demasiado pronto para hacer un acto de bondad, porque nunca se sabe cuándo será demasiado tarde»*.

No lo hagas por la gloria. No se trata de buscar reconocimiento. No se trata de jugar al karma, anticipando que tus buenas acciones de hoy serán recompensadas en un futuro próximo o lejano. Se trata de cerrar los ojos cuando te vas a dormir y saber que has contribuido positivamente a los demás. Y a este pequeño punto azul que llamamos Tierra. Y a la humanidad que reside en esta roca giratoria que gira hacia la eternidad.

Así que depende de nosotros. Depende de ti. Son los ejemplos que demuestran que existe una forma óptima de vivir y de ayudar a elevar a la humanidad con nuestros propios medios. Y hacerlo a través de pequeños actos anónimos y generosos de compasión, amabilidad y respeto que cada uno de nosotros puede emplear en nuestras interacciones diarias con nuestros semejantes.

Un buen lugar para empezar es el Día Nacional de las Buenas Acciones, que se celebra el primer o segundo domingo de abril (6 de abril de 2025 y 5 de abril de 2026). Esta celebración mundial une a personas de más de 100 países para realizar buenas acciones en beneficio de los demás y del planeta.

Para cambiar el mundo, debemos cambiar nuestras comunidades, redes y grupos sociales. Para cambiar estas congregaciones y tribus comunitarias, debemos cambiar nuestras relaciones. Para cambiar nuestras relaciones, debemos empezar por cambiarnos a nosotros mismos.

El código global de los buceadores es «solo toma fotos, solo deja burbujas». Un código similar de Humony Mindset sería: «Deja el mundo mejor de lo que estaba cuando llegaste, para que sea un mundo mejor que nuestros hijos y nietos puedan heredar».

Corre la voz

Necesitamos un movimiento popular global, presente en todos los continentes. Necesitamos que la gente haga brillar su luz Humony Mindset lo más posible, ¡simplemente siendo ellos mismos! Con el tiempo, este movimiento popular alcanzará un punto de inflexión muy energético, convirtiéndose en una fuerza masiva de miles, y luego millones, de personas que tratan a sus semejantes con paz, compasión, amabilidad y respeto. Cuando esto se convierta en una práctica y un hábito de la vida cotidiana, habremos triunfado.

Este es un movimiento del que querrás formar parte. Quizás incluso liderar su crecimiento en tu rincón del mundo. Si es así, pongámonos en contacto.

Mientras tanto, utiliza tus redes sociales para difundir mensajes de paz, compasión, amabilidad y respeto. Comparte historias y ejemplos de Humony en acción, ya sean tuyos o de otras personas.

Igualmente, es importante dejar de compartir mensajes, memes, vídeos y chistes que menosprecien a alguien, glorifiquen la violencia o sean odiosos, groseros o desagradables, por muy divertidos o ciertos que sean. Ayuda a detener la proliferación de este tipo de mensajes. Adopta una postura firme contra ellos, con la actitud de «esto se acaba con nosotros».

En su lugar, comparte los mensajes, memes y temas de las cuentas de Instagram y Facebook de Humony Mindset. Suscríbete a ellas y anima a otros a hacerlo.

Además, considera regalar este libro o los productos que encuentres en la página de Humony Mindset en Shopify a tus familiares, amigos, compañeros de trabajo y otras personas. Los ingresos se utilizarán para seguir difundiendo el mensaje de Humony Mindset en todo el mundo.

Necesitamos más ejemplos positivos en la sociedad y en nuestros lugares de trabajo. Las personas con una mentalidad Humony serán un ejemplo. Al difundir los mensajes de Humony Mindset a través de sus palabras y acciones, y al compartirlos en las redes sociales, ayudará a crear los ejemplos más positivos que el mundo necesita.

Mejora el futuro

Con el poder del compromiso, se puede lograr cualquier cosa. Cuando estás comprometido, rendirse no es una opción. Comprométete.

Como se ha mencionado anteriormente, haz que los cuatro pilares de la mentalidad Humony y sus dos fundamentos subyacentes, la aceptación y la armonía, sean tus valores personales. Asegúrate de que estén en lo más alto de tu lista de tareas pendientes cada día.

Poner en práctica la mentalidad Humony a diario puede resultar muy fácil. Por ejemplo, aquí tienes seis formas sencillas de ser una persona más amable que mejorarán tu vida y la de los demás:

Actúa con amabilidad.

Evita ser demasiado crítico.

Sé honesto manteniéndote fiel a tus principios y valores.

Sé amable contigo mismo y, luego, sé amable con los demás.

Ten una mente abierta y juzga menos.

Sé educado y cortés.

También puedes ayudar a reducir la epidemia de soledad:

- Utiliza un calendario social para planificar con quién, cómo y cuándo pasarás tiempo con otras personas. Reserva tiempo en tu calendario para dar prioridad a estas actividades y eventos.

- Mantén el impulso al terminar cada evento social con un compromiso de cuándo volverás a hablar o a reunirte con ellos. Añade estos compromisos a tu calendario.
- Convierta las salidas y los planes en solitario en salidas y planes sociales que incluyan a otras personas. Por ejemplo, si planea ver una película solo en casa, invite a otras personas a acompañarle. Aunque no te acompañen, sabrán que pensó en ellas y que les ofreció incluirlas. Otras actividades en solitario pueden convertirse fácilmente en actividades sociales: ir a comprar, hacer ejercicio, pasear, hacer voluntariado o visitar a alguien.
- Mantén el interés en tus amistades y conocidos conectándote con ellos con frecuencia. Construir y mantener relaciones requiere frecuencia en la conexión y en la comunicación. Además, sé persistente cuando otros rechacen tus invitaciones, no inicien el contacto o parezcan retraídos. Es posible que estén pasando por un momento difícil, así que no te tomes su falta de interés o su ausencia como algo personal.

Otra forma de mejorar tu rincón del mundo es llevar tu mentalidad Humony al lugar de trabajo. Esto también tiene beneficios personales, ya que muchos ascensos en el lugar de trabajo se otorgan a empleados que demuestran amabilidad, colaboración y respeto en sus interacciones con sus compañeros. Sí, los resultados son importantes. Pero lo más importante es ayudar a crear lugares de trabajo donde reinen el bienestar y la armonía.

Otra forma de mejorar el mundo es romper las cadenas de manipulación de quienes difunden mensajes falsos, negativos, crueles e irrespetuosos. Es hora de dejar de apoyar estas máquinas de manipulación con nuestros dólares, euros y pesos (políticos, medios de comunicación, algunos estudios de Hollywood y plataformas de redes sociales).

También necesitamos una Boston Tea Party moderna. Tenemos que rebelarnos colectivamente, no contra los impuestos financieros, sino contra los impuestos mentales y emocionales, especialmente en el lugar de trabajo y contra estas máquinas de manipulación que denigran a nuestros semejantes. Al igual que los cigarrillos son malos para los pulmones, los medios de comunicación basura y los mensajes basura de las redes sociales son malos para nuestro cerebro, nuestra mentalidad y nuestro bienestar mental.

Como se menciona en el capítulo *«Por qué Humony»*, nos hemos inclinado demasiado hacia una mentalidad de «¿Qué hay para mí?». Debemos dar marcha atrás y centrarnos en la comunidad y en la humanidad.

Al hacerlo, tu bienestar aumentará. Te volverás más agradable. También descubrirás que te gustas más a ti mismo a medida que los cuatro ingredientes clave de Humony (paz, compasión, amabilidad y respeto) se conviertan en hábitos arraigados.

También te volverás más agradecido. En el mundo acelerado de hoy en día, es fácil darlo por sentado y olvidar estar agradecido por lo que tenemos. La gratitud no es solo un sentimiento cálido y difuso, sino una emoción poderosa que puede transformar tu perspectiva sobre la vida y tus relaciones.

Y, por último, sé generoso, compasivo, amable y humilde. Con estos atributos como base de tu mentalidad Humony, percibirás a los demás de manera más positiva, comprenderás la interconexión entre los seres humanos y fomentarás un sentido de humanidad compartida con todas las personas con las que interactúas.

Recuerda, preocuparse genuinamente por la humanidad es fantástico. Actuar en función de tus preocupaciones y de tu interés es aún mejor.

Parafraseando a mi filósofo favorito (Yoda), *¡que la Fuerza de Humony te acompañe!*

Qué maravilloso es que nadie tenga que esperar ni un solo momento para empezar a mejorar el mundo.

Anne *Frank*

Frases relacionadas con mentalidad Humony

Las palabras tienen el poder de motivar. De inspirar. De cambiar mentalidades e impulsar la acción. Espero que esta recopilación de palabras de sabiduría, destiladas a lo largo de los siglos y que no se comparten en ninguna otra parte de este libro, te motive e inspire a desarrollar y mantener una mentalidad Humony.

Nuestro mundo no está dividido por raza, color, género o religión. Nuestro mundo está dividido en personas sabias y personas necias. Y las personas necias se dividen entre sí por raza, color, género o religión.
Nelson Mandela

El egoísmo es la raíz de todos los males, ya que nos ciega ante la interconexión de la humanidad.
Desmond Tutu

El deber más elevado es respetar la dignidad de toda la humanidad.
Immanuel Kant

¿Cuál es la esencia de la vida? Servir a los demás y hacer el bien.
Aristóteles

Yo solo no puedo cambiar el mundo, pero puedo lanzar una piedra al agua para crear muchas ondas.
Madre Teresa

Déjame hacer todo el bien que pueda, a todas las personas que pueda, tan a menudo como pueda, porque no volveré a pasar por aquí.
John Wesley

Las personas quieren saber que importan y que las trate como personas. Ese es el nuevo contrato del talento.
Pamela Stroko

La grandeza de un hombre no reside en la cantidad de riqueza que adquiere, sino en su integridad y su capacidad para influir positivamente en quienes le rodean.
Bob Marley

Todo el mundo quiere ser apreciado, así que si aprecias a alguien, no lo mantengas en secreto.
Mary Kay Ash

¿Cómo cambiamos el mundo? Con un acto de bondad al azar cada vez.
Morgan Freeman

La gratitud es la más saludable de todas las emociones humanas. Cuanto más expreses gratitud por lo que tienes, más probable será que tengas aún más por lo que expresar gratitud.
Zig Ziglar

Imagina lo diferente que sería el mundo si todos habláramos con respeto y amabilidad.
Holly Branson

Date cuenta de que todo está conectado con todo lo demás.
Leonardo da Vinci

La bondad comienza con la comprensión de que todos luchamos.
Charles Glassman

No es necesario que compartamos las mismas opiniones que los demás, pero debemos ser respetuosos.
Taylor Swift

Lo que haces cada día importa más que lo que haces de vez en cuando.
Gretchen Ruben

La tensión es quien crees que deberías ser. La relajación es quien eres.
Proverbio chino

Las buenas acciones son la cosecha más rica de nuestro ser humano.
Kristian Goldmund Aumann

La aceptación fomenta la empatía y crea puentes de entendimiento entre las personas.
Thich Nhat Hanh

El mal comienza cuando empiezas a tratar a las personas como cosas.
Terry Pratchett

Estamos aquí por una razón. Creo que parte de esa razón es lanzar pequeñas antorchas para guiar a las personas a través de la oscuridad.
Whoopi Goldberg

Si no puedes encontrar la paz dentro de ti mismo, nunca la encontrarás en ningún otro lugar.
Marvin Gaye

¿De qué sirve vivir, si no es para luchar por causas nobles y hacer de este mundo confuso un lugar mejor para aquellos que vivirán en él después de que nosotros nos hayamos ido?
Winston Churchill

Solo a través de nuestra conexión con los demás podemos realmente conocernos y mejorar como personas. Y solo trabajando en nosotros mismos podemos empezar a mejorar nuestra conexión con los demás.
Harriet Goldhor Lerner

Cuando el poder del amor supere al amor por el poder, el mundo conocerá la paz.
Jimi Hendrix

Esta es mi sencilla religión. No hay necesidad de templos, ni de filosofías complicadas. Nuestro propio cerebro, nuestro propio corazón es nuestro templo; la filosofía es la bondad.
Dalai Lama

Por mucho que nos arrepintamos, no podemos cambiar el pasado. Por mucha ansiedad que tengamos, no podemos cambiar el futuro. Pero por mucha gratitud que sintamos, podemos cambiar el presente.
Ann Voskamp

Al inhalar, deja que tu corazón se llene de compasión, y al exhalar, derrama la compasión sobre tu cabeza.
Thich Nhat Hanh

Respeta los sentimientos de los demás. Puede que para ti no signifique nada, pero para ellos puede significarlo todo.
Roy T. Bennett

El deseo más profundo de la naturaleza humana es la necesidad de ser apreciado.
William James

Reconocer lo bueno que ya tienes en tu vida es la base de toda abundancia.
Eckhart Tolle

Toma siempre decisiones que prioricen tu paz interior.
Izey Victoria Odiase

La vida consiste en causar impacto, no en obtener ingresos.
Kevin Kruse

La aceptación nos libera de la carga del juicio.
Marianne Williamson

Aquellos que tienen pensamientos elevados siempre se esfuerzan; no se conforman con permanecer en el mismo lugar.
Buda

Ve la luz en los demás y trátalos como si eso fuera lo único que vieras.
Wayne Dyer

Puede que no seamos capaces de detener el mal en el mundo, pero la forma en que nos tratamos unos a otros depende totalmente de nosotros.
Barack Obama

Las buenas acciones, cuando se ocultan, son las más admirables.
Blaise Pascal

Al reconocer la humanidad de nuestros semejantes, nos rendimos el mayor homenaje a nosotros mismos.
Thurgood Marshall

Nunca es demasiado tarde para ser amable, educado y un ser humano cariñoso.
Eddie Jaku

La tierra no nos pertenece; nosotros pertenecemos a la tierra.
Jefe Seattle

Cuando juzgas a otra persona, no la defines a ella, te defines a ti mismo.
Wayne Dyer

Con demasiada frecuencia subestimamos el poder de un gesto, una sonrisa, una palabra amable, un oído atento, un cumplido sincero o el más mínimo acto de cariño, todos los cuales tienen el potencial de cambiar una vida.
Leo Buscaglia

Nuestras obras y acciones pueden cambiar el corazón de los hombres.
Lailah Gifty Akita

Si puedo inspirar a los jóvenes a dedicarse al bien de la humanidad, habré logrado algo.
John Glenn

Un gran hombre muestra su grandeza por la forma en que trata a los hombres pequeños.
Thomas Carlyle

La bondad es el lenguaje que los sordos pueden oír y los ciegos pueden ver.
Mark Twain

Solos podemos hacer muy poco; juntos, podemos hacer mucho.
Helen Keller

Aceptar las diferencias de los demás es el primer paso para construir un mundo más inclusivo y compasivo.
Dalai Lama

El propósito de nuestras vidas es dar a luz lo mejor que hay en nosotros.
Marianne Williamson

La misión colectiva de la humanidad en el cosmos reside en la práctica de la compasión.
Daisaku Ikeda

Si no tenemos paz, es porque hemos olvidado que pertenecemos los unos a los otros.
Madre Teresa

Para que reine la paz en la Tierra, los seres humanos deben evolucionar hacia nuevos seres que hayan aprendido a ver primero el todo.
Immanuel Kant

No debes perder la fe en la humanidad. La humanidad es un océano; si unas pocas gotas del océano están sucias, el océano no se ensucia.
Mohandas Karamchand (Mahatma) Gandhi

Cuando encuentras la paz dentro de ti mismo, te conviertes en el tipo de persona que puede vivir en paz con los demás.
Peace Pilgrim

El cambio no llegará si esperamos a otra persona o a otro momento. Nosotros somos aquellos a quienes hemos estado esperando. Nosotros somos el cambio que buscamos.
Barack Obama

Un mundo diferente no puede ser construido por personas indiferentes.
Peter Marshall

No dejes que el comportamiento de los demás destruya tu paz interior.
Dalai Lama

El verdadero índice de civilización es cuando las personas son más amables de lo necesario.
Louis de Bernières

Nunca pierdas la oportunidad de decir una palabra amable.
William Makepeace Thackeray

Lo único que realmente vale la pena hacer es lo que hacemos por los demás.
Lewis Carroll

Cuanto más silencioso te vuelves, más puedes oír.
Ram Dass

Cada pequeña acción desinteresada empuja al mundo hacia un camino mejor. La acumulación de pequeños actos puede cambiar el mundo.
Robin Hobb

La oscuridad no puede expulsar a la oscuridad; solo la luz puede hacerlo. El odio no puede expulsar al odio; solo el amor puede hacerlo.
Martin Luther King Jr.

Equivocarse por exceso de bondad rara vez es un error.
Liz Armbruster

Una actitud positiva te da poder sobre tus circunstancias, en lugar de que tus circunstancias tengan poder sobre ti.
Joyce Meyer

La verdadera aceptación proviene de comprender que todos tenemos defectos y de hacer las paces tanto con nosotros mismos como con los demás.
Brené Brown

Si no tienes caridad en tu corazón, tienes el peor tipo de problema cardíaco.
Bob Hope

Un solo acto de bondad echa raíces en todas direcciones, y las raíces brotan y dan lugar a nuevos árboles.
Amelia Earhart

La aceptación incondicional de los demás es la clave para unas relaciones felices.
Brian Tracy

La bondad siempre engendra bondad.
Sófocles

Nadie nace odiando a otra persona por el color de su piel, su origen o su religión. Las personas deben aprender a odiar, y si pueden aprender a odiar, también se les puede enseñar a amar, ya que el amor es más natural para el corazón humano que su contrario.
Nelson Mandela

Nadie se ha empobrecido jamás por dar.
Ana Frank

La civilización es el fomento de las diferencias.
Mohandas Karamchand (Mahatma) Gandhi

Me parece que, independientemente de la religión que profeses, los actos de bondad son el trampolín para hacer del mundo un lugar mejor, porque nos convierten en mejores personas.
Jodi Picoult

Si quieres elevarte a ti mismo, eleva a otra persona.
Booker T. Washington

La paz viene de dentro. No la busques fuera.
Buda

La bondad hace que una persona se sienta bien, tanto si la recibe como si la práctica.
Frank A. Clark

En mi opinión, la base del cambio positivo es el servicio al prójimo.
Lee Iacocca

Amarse a uno mismo y apoyarse mutuamente en el proceso de convertirse en uno mismo es quizás el mayor acto de audacia.
Brené Brown

El amor por la patria es algo espléndido. Pero, ¿por qué el amor debe detenerse en la frontera?
Pablo Casals

En la separación reside la mayor miseria del mundo; en la compasión reside la verdadera fuerza del mundo.
Buda

Demasiadas personas pasan hambre, no porque haya escasez de alimentos, sino porque hay escasez de amor y cuidado en los corazones humanos.
Sadhguru

Dentro de ti hay una quietud y un santuario al que puedes retirarte en cualquier momento y ser tú mismo.
Hermann Hesse

La práctica del perdón es nuestra contribución más importante a la sanación del mundo.
Marianne Williamson

El alma suele saber qué hacer para curarse a sí misma. El reto es silenciar la mente.
Caroline Myss

Porque el odio nunca se vence con odio. El odio se vence con amor. Esta es una ley eterna.
Buda

Sabemos que un mundo pacífico no puede existir por mucho tiempo con un tercio rico y dos tercios hambrientos.
Jimmy Carter

En momentos de pesimismo, recuerda cinco grandes verdades:

1) *Todo sucede por una razón,*
2) *El dolor es fuente de crecimiento,*
3) *Quejarse y preocuparse nunca ayudan en nada,*
4) *La paciencia siempre funciona,*
5) *Seguir adelante siempre es mejor que detenerse o quedarse quieto.*

Adriana Fuentes Díaz

Agradecimientos

Quiero expresar mi especial agradecimiento a mi preciado grupo de lectores beta, que me proporcionó valiosas ideas y sólidas recomendaciones para mejorar el borrador que leyeron: Ron Cooper, Sue Falcone, Ali Shami, Christian Ter-Nedden, Cristina Whitehawk y Angie Weinberger.

También me gustaría reconocer y agradecer a las maravillosas personas que siguen brindándome su apoyo personal y profesional, sin el cual quizá no habría durado lo suficiente como para terminar este libro:

> Adriana Fuentes: mi fan y seguidora número uno durante los últimos cinco años. Tus opiniones y consejos han sido más valiosos de lo que imaginas. *Juntos somos más fuertes.*
>
> Ed Cohen: un verdadero maestro en conectar a las personas y, gracias a ti, he conocido a mucha gente maravillosa de todo el mundo. Tu apoyo ha sido incondicional e inquebrantable.
>
> Dr. Loren Michaels Harris: tu energía, pasión y entusiasmo son la razón por la que algún día trabajaremos juntos. Hasta entonces, gracias por tu continuo apoyo, tus consejos y tu capacidad para

hacerme soñar a lo grande.

Patricia (Patti) Ward: una verdadera amiga desde hace más de 45 años, sabes cómo domar mi ego y mantenerme en mi sitio, sin dejar de hacerme sentir valioso y apreciado. Gracias por estar siempre a mi lado en mi viaje lleno de altibajos.

Además, quiero expresar mi agradecimiento a las personas con las que intercambio regularmente ideas y puntos de vista sobre liderazgo intelectual, normalmente en los programas de entrevistas de Global TV presentados por Ed Cohen: Philip Berry, Kim Congdon, Ron Cooper, Heather De Cruz-Cornaire, Paul Falcone, Annalieza Landa, Ken Lloyd, Joseph McGuire, Gary Saenger, Ken Somers, Christian Ter-Nedden, Angie Weinberger y muchos otros. Siempre es un placer intercambiar ideas y escuchar sus sabias palabras.

Quiero expresar mi especial agradecimiento y reconocimiento a Héctor Castañeda por los maravillosos conceptos de diseño que ha creado para la portada del libro y las ilustraciones interiores. Lo reté a superarse y, sin duda, lo ha hecho mejor de lo que esperaba. Bien hecho, señor.

Acerca del autor

Steven Howard es un galardonado autor de 26 libros de no ficción.

Tiene una perspectiva internacional e intercultural, ya que ha vivido en Estados Unidos durante más de 30 años, en Singapur durante 21 años, en Australia durante 12 años y en México durante tres años.

Correo electrónico: steven@HumonyMindset.com
Instagram: @HumonyMindset
YouTube: https://www.youtube.com/@HumonyMindset
Facebook: página Humony Mindset

www.ingramcontent.com/pod-product-compliance
Lightning Source LLC
LaVergne TN
LVHW010052110826
845155LV00028B/310

* 9 7 8 1 9 4 3 7 0 2 3 5 0 *